溫亞凡，羅哈德 編著

行動力革命

嚴重拖延症、假完美主義、僵化式思考，

「思想的巨人，行動的侏儒」

說的就是你這種人！

常常有很多事情想做，但猶豫這個猶豫那個，

最後還是算了？你猶豫的時間，

別人已經去了一趟月球又回來了！

培養果斷的魄力 × 戒除拖延的惡習 × 開始起步的練習

只要你肯開始行動，不用擔心會做白工！

目 錄

目錄

目錄 ─────────────

第一章
猶豫是最大的敵人

第一章　猶豫是最大的敵人

把疑問變為行動

　　你的周圍到處都充滿了機會，只要你有一雙銳利的眼睛，就會捕捉到它們的蹤跡；那些渴求幫助的人呼聲越來越弱，只要你善於傾聽，就一定能聽到那越來越弱的呼聲；你不會僅僅為了私人利益而工作，只要你有一顆仁愛之心；高尚的事業就徘徊在你的周圍，只要你伸出自己的手，就永遠有機會去開創。

　　一個裝滿水的水盆不斷往外溢水的情景可能每個人都見過，但卻沒有人肯開動腦筋，運用自己所學的知識去想一想，溢出的水的體積正好等於入浸在水中的物體的體積。而這個現象卻被阿基米德觀察到了，因此，他找到了一種計算體積的最簡便的方法。任何不規則的物體的體積都可以運用這個方法迅速地計算出來。

　　每個人都知道，一個垂懸的重物在來回擺動時非常有規律，直到最後，它會因受到空氣的阻力而慢慢停下來。但是這一現象是否具有任何其他的現實意義，卻從未有人研究過，更沒有人想到將這一原理運用到生活中的什麼地方。然而伽利略在少年時就在偶然間注意到了比薩大教堂上方懸掛著的燈在不停地左右擺動，而且是極有規律地來回擺動，這引起了他極大的興趣。他經過潛心研究總結出了著名的鐘擺定律。伽利略一生都致力於研究與探索，就是監獄的鐵門也

阻擋不了他的熱情。在他被關進監獄時，他仍然堅持用稻草桿做實驗，最終發現了具有相同直徑的實心管與空心管的相對強度。

多年以來，天文學家們都認為土星的外圍光圈只是行星形成規律假說的一個例外而已，但是拉普拉斯卻在觀察到這現象後否認了這一觀點。他認為，這是平常難以觀察到的星體形成過程中唯一可見的一個階段。他的這一觀點最終得到了證實，為星體形成的科學史增添了亮麗的一筆。

在大西洋以外也許還存在大陸，這是所有歐洲水手們設想的情景，但從未有人付諸於行動去真正探索它。哥倫布成了勇敢探索的第一人。他帶領船隊在無邊無際的未知海洋中前行，竟然意外地發現了新大陸。

曾經從蘋果樹上落下來成千上萬個蘋果，也曾經有無數的人從蘋果樹下經過而被樹上落下的蘋果砸到頭，這個現象似乎在提醒人們思考一下其中的原理。而看到蘋果落地這個現象時，只有牛頓問了一句為什麼，並從此陷入深思。

最終，牛頓他意識到，蘋果之所以會往下落而不是往上去或落到其他方向的現象，與所有的星體能夠在各自的軌道上正常運轉，以及宇宙中分子在不停地運動卻沒有相互碰撞並糾纏在一起是基於同樣的原理。

自古以來，閃電就在人們的眼前閃亮，雷鳴就在人們的耳

第一章　猶豫是最大的敵人

畔轟響，但是人們頭腦中沉睡的思想卻從來沒有被喚起，閃電所具有的巨大能量也從來沒有被人們意識到。只有富蘭克林睜大了眼睛，豎起了耳朵，向天空中嘶奔的千軍萬馬昂起了頭。他透過一個極其簡單的實驗向世上證明了，閃電是一種強大而又能被人所控制的力量表現，它廣泛地存在宇宙空間之中，就像空氣和水一樣。

上面所提及的眾多人物之所以被人稱為偉人，其原因就在於他們能夠把世人眼中普通得不能再普通的情形變成一種機會，透過這種機會就能創造一番偉業。偉人的故事我們曾讀過無數，從中我們能夠深深地理解所羅門王在幾千年前所說的那句話的含義：「你見過工作勤奮努力的人嗎？他應該與國王平起平坐。」孜孜不倦的富蘭克林一生曾經與 5 位國王平起平坐，與 2 位國王共進晚餐，他用他的一生對這句話作了最好的詮釋。

發現機會與把握機會如同種子一樣被那些善於利用機會的人播撒在生活的田野裡，這些種子終有一天會生根、發芽、結果，把更多的機會帶給他們自己或其他人。每一個恪盡職守、踏踏實實工作的人都在走近知識和幸福，此時可供選擇的道路越來越寬，越來越平坦，也越來越容易向前走。事實上，這些道路是向所有人敞開的，無論是溫文爾雅的學生，還是頭腦冷靜、生活節儉、風華正茂的機械師；無論是

恪盡職守、努力向上的公司職員，還是謹慎細緻、舉止脫俗的公務員。如今，透過這些道路走向成功的可能性甚至勝過了歷史上的任何時期。

遲疑是人生的大忌

一個年輕人來到一個畫室觀看眾神的雕像，突然，他指著一尊雕像好奇地問雕塑家：「這尊雕像叫什麼名字？」雕塑家看著那尊臉被頭髮遮住，腳上還生有一對翅膀的雕像平靜地回答：「機會之神」。年輕人又問：「它為什麼把臉藏起來呢？」「因為它在走近人們時，人們卻很少能夠看見它。」雕塑家回答。「那麼在它的腳上為什麼生有一對翅膀呢？」年輕人追問道。「那是因為它會很快飛走，而它一旦飛走了，人們也就永遠看不見它了。」雕塑家意味深長地回答。

一位拉丁作家曾經說：「機會女神的頭髮都長在前額上，如果你能夠抓住她前額上的頭髮，你就能夠抓住她。然而，如果她從你的手中掙脫了，你就再也抓不住她了，即使是萬神之王的宙斯也毫無辦法。」

然而，對於不能利用機會甚至不願利用機會的人來說，最好的機會又是什麼呢？

一位船長為我們講述了他所經歷的一件事：那天晚上，我的船與亨頓船長駕駛的「中美洲」號在海上相遇了。當時

第一章　猶豫是最大的敵人

天變得越來越黑了，海風呼嘯，海浪滔天。我給那艘破舊的汽船——「中美洲」號發了個信號，問他們需不需要幫助。「現在，情況越來越糟了。」亨頓船長向我喊道。聽了他的話，我大聲問他：「那你需不需要把所有的乘客轉移到我的船上來呢？」他回答道：「現在還不需要，你明天早上再來幫我吧！好嗎？」我說：「好吧！我盡力而為。不過你現在先把乘客轉移到我的船上不是更好嗎？」但是他仍舊堅持說：「你還是明天早上再來幫助我吧！」此後，我曾經試圖向他靠近，但是夜太黑，浪又大，我根本無法把自己的船固定在某一個位置上。就在我離開後不到一個小時，「中美洲」號永遠地消失了，那艘破舊的汽船連同船上那些生命永遠地沉入了大海。在海洋的深處，亨頓船長和他的船員以及大部分乘客都為自己找到了最安靜的墳墓。

也許亨頓船長和曾經與他近在咫尺卻被他忽略的機遇擦肩而過時才意識到這個機遇的價值，然而，在他面對死神的最後時刻，他那深深自責又有什麼價值呢？他的盲目樂觀與優柔寡斷使多少生命石沉大海！事實上，在我們的生活當中，像亨頓船長這樣的人又何止一個兩個！他們在最快樂的時刻是那樣地易受打擊，那樣的盲目，而在命運面前又是那樣懦弱無力！然而，只有在經歷過之後，他們才會幡然悔悟：機不可失，時不再來。但是，此刻已是窮途末路了。

　　失敗的人在做事時總是不能夠很好地掌握時機，不是太早了，就是太遲了。約翰‧古迪納夫（John Goodenough）：「這些人都有三隻分開的手，一隻左手，一隻右手，還有一隻遲到的手。」兒時的他們就養成了遲到的壞習慣，做作業和交作業總是晚於別人。

　　現在，是他們承擔責任的時候了，此時，他們才後悔當初，假如生命可以重來，他們一定會好好地把握手中的機會，那麼，也許今天的他們早已成了世界聞名的傑出人物了。閒暇時，他們又回憶起從前的歲月，想起自己曾經白白浪費了多少可以賺錢的機會，或是白白放過了多少可以彌補這些損失的機會，而現在這一切已成了歷史，是永遠無法更改的。他們懂得該如何在未來鼓善自己的生活，完善自身，或是幫助別人，然而此時此刻，他們又與機會失之交臂了。所以，他們永遠抓不住機會，更談不上把握機會了。

　　迪恩‧阿爾福特曾經這樣說：「在我們的生命中，總有一些時刻能抵得上許多年的時間，而我們卻對此束手無策。無論從重要性還是價值方面而言，世界上沒有什麼能夠與時空相比。幾分鐘就可能發生一個小小的失誤，然而這就可能涵蓋了一個人的一生。可是，這個我們生命中的生死攸關的時刻，誰又能預料到呢？」

第一章　猶豫是最大的敵人

立即行動起來

有這樣一句格言被許多成功人士推崇：「拖延遲緩意味著死亡。」

阿莫斯·勞倫斯說：「我們之所以成功、他們之所以失敗，就在於我們形成了立即行動的好習慣，而他們辦事拖沓，總把事情往後推，這樣我們站在了時代前列，而他們則被時代甩在了後面。」

懦弱固然不好，但凡事都求別人幫助作決定則更為糟糕。我們一定要訓練自己在緊急關頭求助於自己的良好習慣。

「我能夠征服世界只因為我把我的想法立即付於實施。」亞歷山大說道。

在危急情況下，拿破崙從不猶豫不決，總是快速作出決斷，把自己認為最明智的做法付諸實施，而犧牲其他可行的或不可行的辦法。他絕不允許他不認同的建議或想法來干擾他的思維和行動。雖然所選擇的做法有可能是錯誤的，但也要比猶豫不定、瞻前顧後喪失良機好得多。

據說，拿破崙在滑鐵盧遭到慘敗的最大原因就是由於他沒有及時快速作出決定，而在此之前征戰歐洲的各個戰役中，無論是重大戰役，還是在命令的最微細節上，他總是快速作出決定並馬上付於實施。快速決定就像凸透鏡能夠聚集太陽光線一樣，聚一點可以把最堅硬的鑽石熔化掉。

　　一個人欲要成就一番事業，首先就要學會依賴自己、引導自己、完全控制自己。

　　一個受過良好教育的人在面臨需要迅速作出決定的緊急時刻，會集中全部精神，積極調動思維迅速作出決斷，儘管這個決斷也許不很成熟，但他要使他本人堅信這個決斷是當時情況下最明智的決定，然後馬上付諸實施。實際上，在人的一生中有很多重大決斷都屬此類──事後看不很成熟但當時認為是最明智的。

　　范尼‧馮談起斯梅德利‧巴特勒（Smedley Butler）將軍時說：「他真是個能夠快速做出決斷的將軍。不管多麼重大的軍務被請他決斷，他會馬上聚結起全部精力，謀斷此事，就如凸透鏡聚光線於一點，而一旦作出決斷，他好像就把這件事完全忘記，似不曾發生過一樣。」

　　在一次戰爭中，一個老父親的兩個兒子都被敵人俘虜去了。老父親希望用自己和一筆金錢換回兒子。敵人同意了這個請求，但條件之一是只能換回一個兒子。老父親為難了，同樣是兒子，他救哪一個？又不救哪一個？老父親左思右想十分為難，無法做出決斷。敵人久久不見他回信，失去了耐心，就把他的兩個兒子全部殺害了。老父親的優柔寡斷使他失去了救回兒子的機會。

　　世界上沒有什麼人或什麼東西能夠幫助那些做事猶猶豫

第一章　猶豫是最大的敵人

豫、瞻前顧後的人形成一種遇事果斷決斷、行事乾脆的習慣，所以在考慮處理一個問題時，要盡量避免一會提出這個問題，一下子又提出那個問題。做事試圖把所有問題都解決的人，是不容易抓住事物本質的，而最明智的決策就應該是解決事物本質的決斷。做出決斷後，要盡力儘快去付諸實施，雖然說決策不一定正確，結局也不一定良好，但從長遠看，它會培養我們形成遇事果斷決定的好習慣，加強我們獨立自主精神的建立。

「如果一個人總在考慮是先做這件事好，還是先做那件事好，那他最後極有可能哪件事都做不好，」威廉‧沃特（William Wirt）說，「再假如他已先做那件事，正當他要行動時，又聽到別人的反對意見，他會停下來舉棋不定，一會考慮這方意見，一會又考慮那方意見。既覺得這方意見正確，又覺得那方意見也有可取之處。這樣的人就屬沒有主見的人，缺乏決斷力，不管是大事，還是小事，皆是如此。這樣的人很難有所成就。他做事不是採取積極進取的態度，而是在原地打轉轉，甚至不進則退。在盧坎（古羅馬詩人）筆下有一種人很值得學習。這種人具有一種堅韌不拔的精神，他們在行事之前，先恭敬地聽取那些聰明人的意見，博採眾長，然後綜合考慮做出自己的決斷，決斷做出後，就絕不再更改，最後再以最大的精力付諸實施。歷史證明，這種人成

功的例子最多。」

　　哈姆雷特（莎士比亞筆下的人物）就是個做事優柔寡斷、行事拖泥帶水的典型人物，他的理想追求與他的精神能力所能達到的水準相去甚遠。絕大多數人都能抓住事物的一方面解決處理問題，而哈姆雷特卻抓住事物的各個方面不放，既考慮這方面，又擔心那一方面，由此，他變得瞻前顧後、優柔寡斷。他感覺自己看到的鬼魂既像父親的冤魂，又覺得不像。優柔寡斷有時是精神與智力畸形發展的結果，智力得到了高度開發，而精神卻已萎縮。

　　做事猶豫不決、容易被別人意見左右的人，無論他有多麼好的天賦、多麼高的水準，都無法與那些意志堅定、行事果斷乾脆的人相比，完全可以這麼說，果斷的判斷力要強於最睿智的頭腦。

　　在生命競技場上，許多人之所以沒能取得成功，只因於他們延誤了時間，錯過了良機。而那些滿載而歸的人，也只因為在該決斷的時候他們能夠迅速作出決定，僅此而已。

　　訓練行事果斷決策的習慣，是最最重要的道德和意志訓練工作，因為如能成功做到這點，人就可以實現由人到「完人」的登堂入室的轉變。

　　雖說果斷決策有可能使我們做出一些不成熟不明智的決定，或承擔一定的風險，但是，這要比猶豫不絕做不出決定

第一章　猶豫是最大的敵人

要好得多，而且多次果斷決策，不可能都是錯誤的，如果真的是那樣，那麼就要考慮到問題是否出在智力和精神上，所以大可不必為果斷決策可能帶來的壞結果傷腦筋。許多成功人士就是在關鍵時刻果斷決策、大膽行動才使他們踏上了成功之路。

經過實地考察後，尼古拉一世意識到那些負責此次任務（在聖彼得堡和莫斯科之間鋪設一條鐵路）的官員之所以猶猶豫豫、進展緩慢，最大的問題就在於這些官員為圖私利而互相推諉責任。尼古拉一世決定必須儘快結束這種局面。因此，當部長把各種方案講給尼古拉聽時，尼古拉一世什麼也沒有說，他拿起一把尺，在地圖聖彼得堡和莫斯科之間劃了一條線，對部長說：「就按這樣鋪設鐵路。」聖彼得堡直達莫斯科的鐵路線就這樣確定了。

安特塔姆戰役的硝煙剛剛散盡，林肯總統在國會上就宣布：「我們不能再等了，必須現在就頒布解放奴隸法。」

林肯知道，這一法令將會獲得大多數人的支持，因此，他決定一定要將這一法令實施到底。他發誓說：「假如李將軍無法再在賓夕法尼亞待下去的話，他將以奴隸們獲得自由來慶祝此事。」

做不出決定固然不好，但對做出的決定缺乏足夠的信心同樣很糟糕，因為對自己的決定缺乏信心將會導致決定不能

夠很好地貫徹實行下去。

莎士比亞這樣評價凱薩：「凱薩是個先做後說的人，他說的時候實際上已經做了。」

喬治‧艾略特（George Eliot）說：「等到各種條件都成熟、都具備的時候再行動的人，實際上他什麼也做不成。」

果斷是優秀特質的核心

在培雷火山爆發的前一天，一艘義大利商船奧薩利納號正在培雷火山所屬的聖皮埃爾島裝貨，準備運往法國。船長馬里奧‧雷伯夫憑著經驗敏銳地預感到了火山爆發的威脅。於是，他下令停止裝貨，立即開船。但是發貨人堅決反對他的決定，並威脅說，如果他現在離開港口，他們就以違約罪去控告他，並要求雙倍賠償。但是船長決心已定。即使發貨人一再向船長解釋培雷火山已經沉默了十幾年，不會有爆發的危險，船長仍然堅定地回答道：「我雖然不了解培雷火山，但是我知道維蘇威火山爆發前與培雷火山今天早上的情況一模一樣。好了，我們現在必須離開這裡，我寧可付出雙倍的賠償，也不能冒著風險繼續在這裡裝貨。」

24 小時後，在發貨人和兩名海關官員正準備上艇前去緝捕馬里奧船長的時候，培雷火山爆發了，他們全部被岩漿吞沒了。而薩利納號此時正安全地航行在去往法國的公海上。

第一章　猶豫是最大的敵人

堅定的意志和決心贏得了最終的勝利，若是猶豫不決，結果只能是滅亡。

當今的世界需要意志堅定、精力充沛、行動迅速的人。這種人善於作決定，也善於執行決定。當面對多個問題的時候，他們會集中精力考慮其中一個問題，果斷做出決定，然後把它擱置一旁，再集中精力解決另一個問題。這種人有著超常的管理能力，他不但能制定工作計畫，還能夠執行工作計畫。他不僅可以做出決定，而且能夠將決定貫徹到底。

每一隻手錶裡都有一根我們看不見的發條，它推動著指針旋轉，準確地計時。同樣，在每一個成功企業的背後，在每一個偉大機構中，必定有一個個性堅強的領導者。這個人有著鋼鐵般的自制力，他領導和運轉著一個企業，嚴謹地管理著這個企業。他的決定果斷而明確，從不會因某種原因而輕易更改決定。其他人有提出建議和意見的權利，但是他是最終裁決和監督執行的人。他是企業的脊梁，任何有關企業的大決定必須由他作出，其他的人都從他那得到啟示，接受命令。一旦他退出了或者停止了行動，那麼整個企業將像斷了弦的鐘錶，指針仍在，卻沒有了運轉的動力，更無法準確地計時了。沒有了鋼鐵般的意志和決定性的力量，一切都將靜止下來。

著名的大商人斯圖爾特去世後，由他創立的一個偉大的

商業機構便漸漸失去了內在的動力，不久便土崩瓦解了。歷史悠久的紐約銀行原本不過是一個不知名的小金融機構，但自從羅伯特·伯納上任以來，在他大膽而新穎的商業運轉方式的帶動下，這個小銀行便一躍成為了著名大銀行，可是，在這個創造輝煌的人物離開後，紐約銀行又新貌換舊顏了。

　　一個偉大的領袖的身後總是有無數的跟隨者。沿著別人的足跡前行相對來說並不難，但是，要做一個留下足跡的領袖卻是困難的，那需要有創見、敏銳、果斷、毅力、能力和韌性，缺一不可。

　　如果你習慣猶豫不決，前怕狼後怕虎，不知道自己到底該做什麼、需要什麼，那麼你永遠也不會成為一個領袖，這些只是一個平庸者的特質。當然，領袖並非完人，也會有各種各樣的缺點，但是他有明確的思想，他知道想要什麼，應該做什麼，並會努力去追求、去做。即使犯了錯誤，遇到挫折，他也會立刻站起來，勇敢地繼續前行。

　　能夠果斷做出選擇的人從不怕犯錯誤。無論他犯過多少次錯誤，他仍將是那些懦夫和猶豫不決的人的領導者。那些人因懼怕犯錯誤而不敢挪動腳步；那些怕遭受損失，怕擔風險，總是等待情況穩定之後再行動的人；那些站在河邊，直到被推下水去才肯游泳的人，是永遠不會到達成功彼岸的。

　　世界上有很多人害怕自己做決定，他們顧慮重重，怕承

第一章　猶豫是最大的敵人

擔做出決定的後果。他們擔心，如果今天做出選擇，明天或許會有更好的機會，那時他們會因此而後悔當初的選擇。這種牆頭草式搖擺不定的個性，徹底毀滅了他們的自信心；他們懷疑自己沒有承擔重要決策的能力；他們不敢確定自己潛意識中的選擇，這致命的弱點摧毀了他們天生的聰明才智。

與平靜的水總是存在於海底深處一樣，你的判斷力深深地存在於你的個性當中，它不應該受到情緒、他人的意見和批評以及表面現象的干擾。這種判斷力是處理任何重大事件時所需的。有的人雖然才華出眾，但卻毀於這樣一個小的個性弱點，尤其是當他其他各方面能力都很強的時候，這是人生的悲劇，當今社會又有多少人能力超群，最終卻因為缺乏當機立斷的個性而淪為平庸之輩，這不能不說是慘痛的教訓。

一個橋梁工程師在建造一座橋前，首先必須確定適合修建橋墩的位置。如果他總是懷疑自己是否找到了最佳位置，那麼他永遠不會建成這座橋。無論地況如何，條件多麼差，他都必須迅速做出決定，立刻開工，最終才能建成這座橋。因此，身為一個建築師，必須養成當機立斷的行事作風，拒絕猶豫和退縮，才能成功實現最後目標。

猶豫不決是年輕人通向成功道路上的最大障礙，嚴重威脅著他們的生活。如果他們下定決心，勇往直前，毫不退縮，那麼成功的機會將大大增加。因為一旦立下永不退縮的

恆心，他們就會調動全部的資源來壯大自己，穿越障礙，最終定會取得成功。但若他們猶猶豫豫，總給自己留一條後路，那麼一遇到挫折或困難他們就會想著後退，最後只能半途而廢一無所獲。

如果你有猶豫不決的壞習慣，那麼請你振作起來，拿出勇氣和必勝的信心，在它設置路障之前打敗它，確保精力和機會完好無損。現在就行動起來吧！不斷地嘗試果斷的決定，切斷後路，強迫自己前行。不管擺在你面前的問題多麼簡單，都不要再猶豫。你目前的所有條件，權衡利弊，迅速做出決定。決定一經做出，就不要再後悔，讓它成為最終的決定。不要再考慮其他方案，不要再拿出來討論，要堅定，要迅捷，大聲地向人們宣告，一切就這樣定了。

如此堅持下去，直到果斷這一優秀特質成為你個性的一部分。你會驚喜地發現你原來也可以這樣堅強，同時也增強了他人對你的信任。起初，你也許常犯錯誤，但是你的判斷力和你對自己判斷力信心的加強，將彌補你犯的錯誤。

果斷是人類優秀特質的核心，如果你缺少這種核心，那麼你生命的航船將失去方向，漂泊在大海上，承受暴風雨的吹打，永遠找不到停泊的港灣。

第一章　猶豫是最大的敵人

培養當機立斷的好習慣

　　美國作家華盛頓‧歐文（Washington Irving）告訴人們：「一種成熟的、經過訓練的天賦不怕沒有用武之地，但是機會不會自己找上門來，還需要自己去創造。我們常常聽人說，一些膽大魯莽之人如何獲得成功，而真正有才能，又十分穩重的人卻容易被人遺忘，當然，這未必符合事實。不過，有時候一些膽子較大的人的確擁有做事果斷、不猶豫的優秀特質。而沒有這些優秀特質，所謂的才能也不過是紙上談兵罷了。一隻總是打瞌睡的獅子還不如一隻會叫喚的狗用處大。」

　　約翰‧卡德威爾‧卡爾霍恩（John Caldwell Calhoun）是美國政治家，他在耶魯大學就讀時，非常刻苦勤奮，為此，他的一個同學譏笑他，可他卻說：「我必須抓緊時間學習，這不是什麼怪事，我是在為將來進入國會後有所作為打基礎、作準備。」對方禁不住大笑起來，卡爾霍恩認真地說：「難道你不相信嗎？我可以這樣說，要當上國會議員，我只需要3年時間，如果我不知道自己有這種能力，那麼我絕不會坐在這裡讀書。」

　　斯蒂芬將軍在科羅納被俘後，對手看著他，並且以嘲弄的口吻問：「如今，你的要塞在哪裡？」將軍用手指著胸口，凜然回答：「這裡！」

約翰‧弗里蒙特（John Frémont）在美國政壇上的得意之作就是讓加利福尼亞成為美國的領土，他本人也因此成了美國政壇上的一位重要人物，但後來他就漸漸走出了人們的視野。最後，他僅僅是靠著科學方面的成就，在歐洲的一些大學擔任了由於洪堡去世而空出的教職。他的一位政治對手是這樣評價他的：「他之所以被人遺忘，原因就在於他缺乏一種強有力的個人意志。不過這種讓人遺忘他的才能倒是他獨有的。」

「快！快！快！為了生命加快步伐！」這句話常常出現在英國亨利八世統治時代的留言條上，旁邊往往還附有一幅圖畫，畫的是沒有準時把信送到的信差在絞刑架上掙扎的情景，以警示人們要守時。由於當時還沒有郵政事業，信件都是由政府派出的信差發送的，如果信差在路上延誤了時日就要被處以絞刑。

我們現在一個小時可以完成的任務是一百年前的人們 20 個小時的工作量。在古老的生活節奏緩慢的馬車時代，用一個月的時間歷經路途遙遠而危險的跋涉才能走完的路程，我們現在只要幾個小時就可以穿越。但是，即使是在那樣的年代，不必要的耽誤時間也是犯罪。因此，文明社會的一大進步就是對時間的準確測量和利用。

守時與精確是成功的雙親。每個人的成功故事都取決於某個關鍵時刻，這個時刻一旦猶豫不決或退縮不前，你將永

第一章　猶豫是最大的敵人

遠失去成功的機會。

　　任何時候都可以做的事情往往永遠都不會有時間去做。這句家喻戶曉的俗語幾乎可以成為很多人的格言警句。倫敦的非洲協會想派旅行家利亞德去非洲，當人們問他什麼時候出發時，他毫不遲疑地說：「明天早上。」當有人問後來成為著名的溫莎公爵的約翰‧傑維斯（John Jervis），他的船什麼時候可以加入戰鬥時，他立即回答：「現在。」科林‧坎貝爾被任命為駐印度軍隊的總指揮，在被問及什麼時候可以派部隊出發時，他總是回答說：「明天。」

　　避免做事乏味無趣的最好方法就是當機立斷。拖延則通常意味著逃避，其結果往往就是不了了之。我們做事情就像春天播種一樣，如果沒有在適當的季節行動，以後就不會再有合適的時機了。無論夏天有多長，也無法完成春天被耽誤的事情。一顆星體的運轉即使只晚了一秒，也會造成整個宇宙的混亂，造成難以想像的後果。

　　波士頓‧科貝特（Boston Corbett）曾經說：「隨時做好準備地積極態度，就是我成功的關鍵所在。如果不是這一點，即使把我所有的天賦加起來也不會有太大的作為。正因為這種個性，我才會在軍隊裡得到提升。如果我在 10 點鐘上崗，那麼我在 9 點鐘就做好了準備。從來沒有一個人或一件事因為我而耽誤一分鐘。」

一位法國政治家被問及他怎麼能夠在職業上取得巨大成就，同時還身兼多職的問題時，他回答說：「我只是遵從今天的事情今天做，如此而已。」據說有一位從事社會工作的人遭到了失敗，他正好把這個過程顛倒過來，他的格言是：「能夠推到明天的事情絕不今天做。」有多少人把本來可能加以利用從而有所作為的時間與親戚和朋友待在一起不知不覺地消磨掉了，無所事事地浪費了。

今天比明天更重要

職業生涯中，誰都有遠大理想，特別是在有了一份理想的職業以後，總是雄心勃勃，要做出點名堂，成就一番事業。可是，現實中有很多人說得多，做得少，他們把遠大的理想掛在嘴邊，卻不願安下心來身體力行，幾年、十幾年過去了，非但沒有做出什麼成績，反而連很好的職業也失去了，導致了職業生涯的失敗。

一份好職業，只是為你提供了一個施展自己才能的舞臺，而演出效果如何，完全看你一點一滴的表現。成敗得失在舉手投足之間。偉大寓於平凡，平凡孕育偉大。富蘭克林當過學徒；法拉弟和愛迪生當過報童；斯蒂芬遜當過放牛娃、礦工……他們有的是自己創造出適合自己工作的新生涯，有的是在主客觀條件的作用下，找到了更適合自己才能

第一章　猶豫是最大的敵人

個性的新職業。無論哪種情況，他們成功的共同特點是對職業生涯的投入，而不是坐享其成。

　　曠世巨作是一個字一個字寫出來的；偉大的發明創造是一次一次繁瑣的實驗證明出來的。世上恐怕沒有人相信有不靠「梯子」一步登天的奇蹟。

　　你在這個充滿機遇和挑戰的社會裡，只要努力，就能夠找到屬於自己的職業位置；只要不氣餒，你就可以把簡陋的小屋建成輝煌的殿堂。海闊憑魚躍，天高任鳥飛。偉大的事業是由無數細小的微粒組成的。成就一件大事業，絕不要拒絕小事情。要有遠大前途，就要立足本職工作，從點滴小事做起。尤其要格外地珍惜今天。

　　今天是實實在在的，珍惜今天，就等於抓住了今天；抓住今天，就等於掌握了現在；掌握了現在，就等於掌握了未來。從這個意義上說，今天比明天好，今天勝過明天。

　　對你來說，時間正隨著時代的發展而變得越發重要。時間就是效率，時間就是效益，時間就是金錢，時間就是生命。正因為時間非常寶貴，上帝好像為了防止你浪費時間，只是一分一秒地把時間賜於你。你不能把時間儲存起來，也不能把時間提前借用過來。你得到的時間僅僅是在當時，也就是今天；而今天也要永遠地逝去。昨天是作廢的支票，明天是有期票據，只有今天是法定貨幣，只有在今天才具有流通性。

珍惜時間、爭分奪秒埋頭苦十的你，是最討人喜歡的。只要你願意，你就能永遠在一種職業上做下去，因為你把今天視為生存時間與空間的綜合概念，你會心無旁騖地致力於做好今天的事情。於是，你能夠做出工作成績，能夠處理職業生涯中的種種矛盾和問題。從而把競爭風險轉化為競爭動力，牢牢地掌握著工作的主動權和優先權。

強調今天重要，並不是說明天就不重要，而是說明天有明天的事情。你在安排好今天活動的時候，要想到明天，或者後天該做什麼，這就是設計。你需要規劃生涯，沒有生涯規畫，職業生涯只能盲目進行，盲目的行為是不會有好結果的。所以，對明天的關注也是職業生涯所需的，對能否保住理想的職業並有效競爭具有重要作用。但與今天的現實生活比較，明天畢竟是虛無飄渺的，明天的真實性，只有經過今天來驗證，沒有今天的實踐，明天的理想也無法實現。生活的主人是講求實際的你，知道美好的生涯是實際創造的結果，而不是空想的結果。只要你抓緊時機，不懈努力，不惜心血和汗水就會加固自己厚愛的職業生涯根基。

行動重於心動

你要想成為一個成功者，要想實現你夢寐以求的生活，就不要再說自己「倒楣」了。對於成功者來說，世界上不存

第一章　猶豫是最大的敵人

在絕對的好時機，不存在惡運籠罩的日子。他們相信所有的機會。好運都是透過自己的行動爭取而來的。

　　一個能夠享有盛名、迅速成功的人，做起任何事情來，一定十分清楚敏捷，處處得心應手；一個為人含糊不清的人，做起事來，一定也是含糊不清。天下事不做則已，要做就非得十分完善不可，不然你就一定會被淘汰。那些做起事來半途而廢的人，任何人都不會對他產生信任。他開出去的借據沒人願意接受。他替人管理金錢，也沒有人敢相信他，無論他走到哪裡，都不會受人歡迎。

　　「對這個問題，我得先考慮考慮。」約翰在別人要他回答問題時。他總是這樣回答。約翰要決定一件事時，總會考慮再三，人們經常怪他處事不果斷。」他總是在決定某件事情上花費很多的時間，哪怕是件微不足道的小事。」他的女友這樣評論他。而他周圍還沒有人對他有行事莽撞和容易衝動的印象。那些對他沒有好感的人說他膽小如鼠，而約翰身材魁梧，從外表上看，他絕不像個膽小的人，但從心理方面來說，用膽小如鼠形容他是有幾分道理的。此外，他對一些可能引起爭執的事也盡量避開，怕惹是生非。

　　約翰在獲得企業管理的碩士學位後，就在一家國際性的化學公司工作。剛開始時，他對給他的職位相當滿意。因為這一職位不但薪水可觀，而且晉升的機會也很大。「無須從

基層一步步做起，這實在太好了，」約翰在提到自己的好運時說道，「現在給我的職位比我原先期望的要高。」由於約翰對管理有著特殊的興趣，而他學的又是這門專業，所以，他極想使自己一些主張成為現實。「我覺得有許多事需要我去做。」他在參加工作 4 個月後說道。

然而，約翰在這家公司工作 15 個月後，他才開始意識到自己的弱點，而這個弱點以後成為他事業發展道路上的主要障礙。在約翰擔任新職不久就被邀請參加一個委員會，該委員會專職負責審理公司裡的日常工作報告。這家公司的規模巨大，全世界都有分支機構，所以需要靠很多人的努力才能做出一份行之有效的審理報告。

而約翰的上司在這個委員會中把約翰與其他成員做了一番比較。在開展工作計畫的頭幾個星期，這位上司注意到約翰的工作一進度比其他人要慢得多。「約翰，動作快一些！」他的上司友好而又認真地提醒他。

然而，約翰的速度並沒有因為這句提醒的話而加快，反而更慢了。「速度，」他憎恨地說，「這裡工作唯一重要的就是速度。每個人都希望你能提前完成任務。」由於工作性質的關係，約翰工作速度慢的問題致使最高首腦管理機構從全世界各地發來的報告中得到的消息往往太遲，因而使得他們下能及時地採取相應的對策。在這種情況下，人們對約翰

第一章　猶豫是最大的敵人

這種行事謹慎、慢條斯理的工作方法很反感。和他同組的一位同事用帶有嘲諷的語氣說道：「要是你有什麼壞消息，並希望它像蝸牛爬行似的傳出去的話，那就把它交給約翰處理吧！」

後來這項工作計畫在接近末尾時，約翰忽然發憤圖強，工作得與其他人一樣快，由於他的這一行動，使他在這些事上沒有受到多大傷害。「要是我願意，我還是能夠工作得與別人一樣快的，」他非常懊惱地說道，「但這並不表示我喜歡這樣做。」在隨後的五年中，他獲得兩次提升的機會，但上升的幅度都不大。有一次，他的上司在談話中告訴他的提升消息後，對他說：「你工作表現不錯，有時是速度慢了些，但總體來說是好的。」

不管是誰，都不會信任一個做起事來拖拖拉拉的人，因為他在精神與工作上含糊粗拙，一點也靠不住，只要一看見他那粗拙的成績，就會想到他的為人。這些人也許在其他方面有很多優點，但由於做事的拖沓，很難得到別人的賞識，這種做事的方法將必然影響他們的前途。而要想獲得成功，就應行動敏捷，這樣才能搶占先機，從而擁有更多的財富！

力戒做事拖延

《韋伯字典》給「拖延」下的定義是:「把不愉快或成為負擔的事情推遲到將來做,特別是習慣性這樣做。」

如果你是個辦事拖延的人,你大概在浪費大量的寶貴時間。這種人花許多時間思考要做的事,擔心這個擔心那個,找藉口推遲行動,又為沒有完成任務而悔恨。在這段時間裡,其實他們本來能完成任務而且應轉入下一個工作了。

有幾個辦法可以有效對付拖延的作風:

一是確定一項任務是否非做不可。有時,我們感覺到一項任務不重要,於是做起來就拖拖拉拉。如果這項任務真的不重要,就把它取消好了,而不是拖延然後又後悔。有效分配時間的重要一環,是把可有可無的任務取消掉,應該從你的日程表中消除亂糟糟的東西。

二是把任務委託給其他人。有時候,任務是能完成的,但是你不喜歡做。你不願意或許與你的個性或專長有關。如果你把任務委託給一個更適合做、更樂意做的人,你和他就都成了贏家。

三是弄清楚有什麼好處,然後行動起來。我們往往因為看不到完成一項不愉快任務有什麼好處而拖拖拉拉。也就是說,我們做這項任務時付出的代價似乎高於做完之後得到的好處。應付這個問題的最佳辦法是從你的目標與理想的角度

第一章　猶豫是最大的敵人

分析這個任務。如果你有個重大目標，那你就比較容易拿出熱忱去完成有助於你達到目標的任務。

四是養成好習慣。許多人的拖延已經成了習慣。對於這些人，要完成一項任務的一切理由都不足以使他們放棄這個消極的工作模式。如果你有這個缺點，你就要重新訓練自己。用好習慣來取代拖沓的壞習慣。每當你發現自己又有拖沓的傾向時，靜下心來想一想，確定你的行動方向，然後再給自己提一個問題：「我最快能在什麼時候完成這個任務？」定出一個最後期限，然後努力遵守。漸漸地，你的工作模式就會發生變化。

「種下行動就會收穫習慣；種下習慣便會收穫性格；種下性格便會收穫命運」，心理學家兼哲學家，威廉·詹姆士這麼說。他的意思是 —— 習慣造就一個人，你可以選擇自己的習慣，在使用座右銘時，你可以養成自己希望的任何習慣。

在說過「現在就去做」以後，只要一息尚存，就必須身體力行。無論何時必須行動，「現在就去做」從你的潛意識問到意識裡時，你就要立刻行動。

請你養成習慣，先從小事上練習「現在就去做」，這樣你很快便會養成一種強而有力的習慣，在緊要關頭或有機會時便會「立刻掌握」。

行動可以改變一個人的態度，使他由消極轉為積極，使原先可能糟糕透頂的一天變成愉快的一天。

卓根・朱達是哥本哈根大學的學生，他就是這樣做的。有一年暑假他去當導遊。因為他總是高高興興地做了許多額外的服務，因此幾個芝加哥來的遊客就邀請他去美國觀光。旅行路線包括在前往芝加哥的途中，到華盛頓特區做一天的遊覽。

卓根抵達華盛頓以後就住進「威樂飯店」，他在那裡的帳單已經預付過了。他這時真是樂不可支，外套口袋裡放著飛往芝加哥的機票，褲袋裡則裝著護照和錢。後來這個年輕人突然遇到晴天霹靂。

當他準備就寢時，才發現皮夾不翼而飛。他立刻跑到櫃臺那裡。

「我們會盡量想辦法。」經理說。

第二天早上仍然找不到，卓根的零用錢連兩塊錢都不到。自己孤零零一個人待在異國他鄉，應該怎麼辦呢？打電報給芝加哥的朋友向他們求援？還是到丹麥大使館去報告遺失護照？還是坐在警察局裡乾等？

他突然對自己說：「不行，這些事我一件也不能做。我要好好看看華盛頓。說不定我以後沒有機會再來，但是現在仍有寶貴的一天待在這個國家裡。好在今天晚上還有機票到芝

第一章　猶豫是最大的敵人

加哥去，一定有時間解決護照和錢的問題。」

「我跟以前的我還是同一個人。那時我很快樂，現在也應該快樂呀！我不能白白浪費時間，現在正是享受的好時候。」

於是他立刻動身，徒步參觀了白宮和國會山莊，並且參觀了幾座大博物館，還爬到華盛頓紀念館的頂端。他去不成原先想去的阿靈頓和許多別的地方，但他看過的，他都看得更仔細。他買了花生和糖果，一點一點地吃以免挨餓。

等他回到丹麥以後，這趟美國之旅最使他懷念的卻是在華盛頓漫步的那一天 —— 如果他沒有運用做事的祕訣就會白白溜走的那一天。「現在」就是最好的時候，他知道在「現在」還沒有變成「昨天我本來可以……」之前就把它抓住。

這裡順便把他的故事說完吧！就在多事的那一天過了五天之後，華盛頓警方找到他的皮夾和護照，並且送還給他。

總之，如果下定決心立刻去做，往往會激發潛能，往往會使你最熱望的夢想也實現。孟列·史威濟正是如此。

史威濟非常喜歡打獵和釣魚，他最喜歡的生活是帶著釣魚竿和獵槍步行 50 里到森林裡，過幾天以後再回來，精疲力盡，滿身汙泥而快樂無比。

這類嗜好唯一不便的是，他是個保險推銷員，打獵釣魚太花時間。有一天，當他依依不捨地離開心愛的鱷魚湖，準

備打道回府時突發異想，在這荒山野地裡會不會也有居民需要保險？那他不就可以同時工作又有戶外逍遙了嗎？結果他發現果真有這種人：他們是阿拉斯加鐵路公司的員工。他們散居在沿線 500 里各段路軌的附近。他可不可以沿鐵路向這些鐵路工作人員、獵人和淘金者拉保呢？

史威濟就在想到這個主意的當天開始積極計劃。他向一個旅行社打聽清楚以後，就開始整理行裝。他沒有停下來讓恐懼乘虛而入，自己嚇自己會使以後認為自己的主意變得很荒唐，以為它可能失敗。他也不左思右想找藉口，他只是搭上船直接前往阿拉斯加的「西湖」。

史威濟沿著鐵路走了好幾趟，那裡的人都叫他「步行的史威濟」，他成為那些與世隔絕的家庭最歡迎的人。同時，他也代表了外面的世界。不但如此，他還學會理髮，替當地人免費服務。他還無師自通地學會了烹飪。由於那些單身漢吃厭了罐頭食品和醃肉之類，他的手藝當然使他變成最受歡迎的貴客啦。而在這同時，他也正在做一件自然而然的事，正在做自己想做的事：倘祥於山野之間、打獵、釣魚，並且 —— 像他所說的 —— 「過史威濟的生活」。

在人壽保險事業裡，對於一年賣出 100 萬元以上的人設有光榮的特別頭銜，叫做「百萬圓桌」。在孟列·史威濟的故事中，最不平常而使人驚訝的是，在他把突發的一念付諸

第一章　猶豫是最大的敵人

實行以後，在動身前往阿拉斯加的荒原以後，在沿線走過沒人願意前來的鐵路以後，他一年之內就做成了百萬元的生意，因而贏得「圓桌」上的一席地位。假使他在突發奇想時，對於做事的祕訣有半點遲疑，這一切都不可能發生。

「現在就去做」可以影響你生活中的每一部分，它可以幫助你去做該做而不喜歡做的事；在遭遇令人厭煩的職責時，它可以教你不推拖延宕。但是它也能像幫助孟列·史威濟那樣，這個剎那一旦錯過，很可能永遠不會再碰到。

請你記牢這句話：「現在就去做！」

拖延會使你一事無成

拖延的陋習會使人一事無成，這是因為拖延能人的積極性。

拖延是人性的一種弱點，它在生活中不僅強大而且令人討厭。如果每當你遇到糟糕的情況，你總是說「我應該做它，但應付它現在已經太晚」，那麼，你的「拖延」迷思的形成則不能歸咎於外在力量的影響，它完全是由你自己的因素造成的。

拖延是一個將導致許多迷思的惡魔。很少有人能坦率地承認他們是不拖延的，雖然這種心態從長遠來說是不健康的。正如前面已經探討過的其他迷思所表明的後果一樣，拖

延這一行為本身也不可能帶來健康的後果。當然，實際上，拖延是不存在的，因為你只是沒有做你打算做的事而已。它實際上是一種反映了神經官能症的情緒副作用和固定的行為模式。如果你覺得你喜歡這樣拖延而且又沒有負疚感、焦慮感或忐忑不安的感覺，那麼你當然可以繼續那樣做。然而，對大多數人來說，拖延實際上總是會使他們期待已久的幸福遲遲不能到來。我們在自己的一生中，有著種種的憧憬、種種的理想、種種的計畫，如果我們能夠將這一切的憧憬、理想與計畫，迅速地加以執行，那麼我們在事業上的成就不知道會有怎樣的偉大！然而，人們往往有了好的計畫後，不去迅速地執行，而是一味的拖延，以致讓一開始充滿熱情的事情冷淡下去，使幻想逐漸消失，使計畫最後破滅。

希臘神話告訴人們，智慧女神雅典娜是在某一天突然從丘比特的頭腦中一躍而出的，躍出之時雅典娜衣冠整齊，沒有凌亂現象。同樣，某個高尚的理想、有效的思想、宏偉的幻想，也是在某一瞬間從一個人的頭腦中躍出的，這些想法剛出現的時候也是很完整的。但有著拖延惡習的人遲遲不去執行，不去使之實現，而是留待將來再去做。其實，這些人都是缺乏意志力的弱者。而那些有能力並且意志堅強的人，往往趁著熱情最高的時候就去把理想付諸實施。

一日有一日的理想和決斷，昨日有昨日的事，今日有今

第一章　猶豫是最大的敵人

日的事，明日有明日的事。今日的理想，今日的決斷，今日就要去做，一定不要拖延到明日，因為明日還有新的理想與新的決斷。

拖延的習慣往往會妨礙人們做事，因為拖延會消滅人的創造力。其實，過分的謹慎與缺乏自信都是做事的大忌。有熱忱的時候去做一件事，與在熱忱消失以後去做一件事，其中的難易苦樂要相差很大。趁著熱忱最高的時候，做一件事情往往是一種樂趣，也是比較容易的；但在熱情消滅後，再去做那件事，往往是一種痛苦，也不易辦成。放著今天的事情不做，非得留到以後去做，其實在拖延中所耗去的時間和精力，就足以把今日的工作做好。所以，把今日的事情拖延到明日去做，實際上是很不合算的。有些事情在當初來做會感到快樂、有趣，如果拖延了幾個星期再去做，便感到痛苦、艱辛了。比如寫信就是一例，一收到來信就回覆，是最為容易的，但如果一再拖延。那封信就不容易回覆了。因此，許多大公司都規定，一切商業信函必須於當天回覆，不能讓這些信函擱到第二天。

命運常常是奇特的，好的機會往往稍縱即逝，有如曇花一現。如果當時不善加利用，錯過之後就後悔莫及。

決斷好了的事情拖延著不去做，還往往會對我們的品格產生不良的影響。唯有按照既定計畫去執行的人，才能增進

自己的品格，才能使其人格受到他人的敬仰。其實，人人都能下決心做大事，但只有少數人能夠一以貫之地去執行他的決心，而也只有這少數人是最後的成大事者。

當一個生動而強烈的意念突然閃耀在一個作家腦海裡時，他就會生出一種不可遏制的衝動，提起筆來，要把那意念描寫在白紙上。但如果他那時因為有些不便，無暇執筆來寫，而一拖再拖，那麼，到了後來那意念就會變得模糊，最後，竟完全從他思想裡消逝了。

一個神奇美妙的幻想突然躍入一個藝術家的思想裡，迅速得如同閃電一般，如果在那一剎那間他把幻想畫在紙上，必定有意外的收穫。但如果他拖延著，不願在當時動筆，那麼過了許多日子後，即使再想畫，那留在他思想裡的好作品或許早已消失了。

靈感往往轉瞬即逝，所以應該及時抓住，要趁熱打鐵，立即行動。

更壞的是，拖延有時會造成悲慘的結局。凱薩大將只因為接到報告後沒有立即閱讀，遲延了片刻，結果竟喪失自己的性命。曲侖登的司令雷爾叫人送信向凱薩報告，華盛頓已經率領軍隊渡過特拉華河。但當信使把信送給凱薩時，他正在和朋友們玩牌，於是他就把那封信放在口袋裡，等牌玩完後再去閱讀。讀完信後，他情知大事不妙，等他去召集軍隊

的時候，時機已經太晚了。最後全軍被俘，連他自己的性命也葬送在敵人手中。就是因為數分鐘遲延，凱薩竟然失去了他的榮譽、自由和生命！

有的人身體有病卻拖延著不去就診，不僅身體上要受極大的痛苦，而且病情可能惡化，甚至成為不治之症。

沒有別的什麼習慣，比拖延更為有害。更沒有別的什麼習慣，比拖延更能使人懈怠、減弱人們做事的能力。

人應該極力避免養成拖延的惡習，受到拖延引誘的時候，要振作精神去做，絕不要去做最容易的，而要去做最艱難的，並且堅持做下去。這樣，自然就會克服拖延的惡習。拖延往往是最可怕的敵人，它是時間的竊賊，它還會損壞人的品格，敗壞好的機會，劫奪人的自由，使人成為它的奴隸。

要醫治拖延的惡習，唯一的方法就是立即去做自己的工作。要知道，多拖延一分，工作就難做一分。

「立即行動」，這是一個成大事者者的格言，只有「立即行動」才能將人們從拖延的惡習中拯救出來。

一次行動勝於百遍胡思亂想

一次行動勝於百遍胡思亂想，成大事者關鍵在於行動。

有一位名叫西爾維亞的美國女孩，她的父親是波士頓有

名的整形外科醫生，母親在一家聲譽很高的大學擔任教授。

她的家庭對她有很大的幫助和支持，她完全有機會實現自己的理想。

她從念大學的時候起，就一直夢寐以求地想當電視節目的主持人。

她覺得自己具有這方面的才能，因為每當她和別人相處時，即便是陌生人也都願意親近她並和她長談。

她知道怎樣從人家嘴裡「掏出心裡話」。她的朋友們稱她是他們的「親密的隨身精神醫生」。

她自己常說：「只要有人願給我一次上電視的機會，我相信一定能成大事者。」

但是，她為達到這個理想而做了什麼呢？其實什麼也沒做！

她在等待奇蹟出現，希望一下子就當上電視節目的主持人。這種奇蹟當然永遠也不會到來。因為在她等奇蹟到來的時候，奇蹟正與她擦肩而過。

有個落魄的中年人每隔三兩天就到教堂祈禱，而且他的禱告詞幾乎每次都相同。

「上帝啊！請念在我多年來敬畏您的分上，讓我中一次樂透吧！阿門。」

幾天後，他又垂頭喪氣地回到教堂，同樣跪著祈禱：「上

第一章　猶豫是最大的敵人

帝啊！為何不讓我中樂透？我願意更謙卑地來服侍您，求您讓我中一次樂透吧！阿門。」

又過了幾天，他再次出現在教堂，同樣重複他的祈禱。如此周而復始，不間斷地祈求著。

終於有一次，他跪著：「我的上帝，為何您不垂聽我的祈求？讓我中樂透吧！只要一次，讓我解決所有困難，我願終身奉獻，專心侍奉您……」

就在這時，聖壇上空傳來一陣宏偉莊嚴的聲音：「我一直垂聽你的禱告。可是，最起碼，你老兄也該先去買一張樂透吧！」

你明白為什麼這樣的人注定不會成大事者了吧？光有夢想是不夠的，要想成大事者你必須為自己的理想認真地鐵定追求到底的決心，並且馬上行動！夢想是成大事者的起跑線，決心則是起跑時的槍聲，行動猶如跑者全力的賓士，唯有堅持到最後一秒，方能獲得成大事者的錦標。

哥倫布還在求學的時候，偶然讀到一本畢達哥拉斯的著作，知道地球是圓的，他就牢記在腦子裡。

經過很長時間的思索和研究後，他大膽地提出，如果地球真是圓的，他便可以經過極短的路程而到達印度了。

自然，許多有常識的大學教授和哲學家們都恥笑他的意見。因為，他想向西方行駛而到達東方的印度，豈不是傻人

說夢話嗎？

　　他們告訴他：地球不是圓的，而是平的，然後又警告道，他要是一直向西航行，他的船將駛到地球的邊緣而掉下去……這不是等於走上自殺之途嗎？

　　然而，哥倫布對這個問題很有自信，只可惜他家境貧寒，沒有錢讓他實現這個冒險的理想，他想從別人那裡得到一點錢，助他成大事者，他一連空等了多年，還是失望。他決定不再等下去，於是啟程去見皇后伊莎貝拉，沿途窮得竟以乞討餬口。

　　皇后讚賞他的理想，並答應賜給他船隻，讓他去從事這種冒險的工作。

　　為難的是，水手們都怕死，沒人願跟意隨他去，於是哥倫布鼓起勇氣跑到海濱，捉住了幾位水手，先向他們哀求，接著是勸告，最後用恫嚇手段逼迫他們去。

　　一方面他又請求女皇釋放了獄中的死囚，允許他們如果冒險成大事者，就可以免罪恢復自由。

　　一切準備既妥，西元 1492 年 8 月，哥倫布率領三艘帆船，開始了一個劃時代的航行。

　　剛航行幾天，就有兩艘船破了，接著又在幾百平方公里的海藻中陷入了進退兩難的險境。

　　他親自撥開海藻，才得以繼續航行。

第一章　猶豫是最大的敵人

在浩瀚無垠的大西洋中航行了六七十天，也不見大陸的蹤影，水手們都失望了，他們要求返航，否則就要把哥倫布殺死。

哥倫布兼用鼓勵和高壓手段，總算說服了船員。

也是天無絕人之路，在繼續前進中，哥倫布忽然看見有一群飛鳥向西南方向飛去，他立即命令船隊改變航向，緊跟這群飛鳥。

因為他知道海鳥總是飛向有食物和適於它們生活的地方，所以他預料到附近可能有陸地。

哥倫布果然很快發現了美洲新大陸。

可以想像，如果哥倫布再等下去，必然會一生蹉跎「空悲切，白了少年頭」，美洲大陸的發現者可能改換他人了。成大事者的桂冠永遠不會屬於他哥倫布了。哥倫布最終成了英雄，從美洲帶回了大量黃金珠寶，並得到了國王的獎賞，以新大陸的發現者名垂千古，這一切都是行動的結果。

猶豫是最大的敵人

猶豫不決的惡習，深入了許多人的骨髓，那些人無論做什麼事，總是留著一條退路，無破釜沉舟的勇氣。人如果下定了決心，便會有堅強的信念，破除猶豫不決的惡習，把世界給予人類的因循守舊、苟且偷生等最大的竊賊，一齊捆縛起來。

　　事事因循苟且而等待將來，確實是個惡習。如果你有這惡習，請速將其拋棄。無論問題多麼困難，都應該把它放在面前，考慮解決，絕不可任其延誤、耽擱。

　　公元前，羅馬的凱撒大帝統率他的軍隊抵達英吉利以後，決心絕不退卻。為了使士兵們知道他的決心，便當著士兵的面，將所有的船隻全部焚燬。

　　許多人往往在開始做事的時候便留著一條後路，作為遭遇困難時的退路，這樣哪能成就偉大的事業？

　　絕無後路的軍隊，才能決戰致勝。所以無論做什麼事，必須抱著破釜沉舟的決心，勇往直前，遇到任何障礙都不能後退，若是立志不堅，遇難便退，那絕不會有成功的一日。

　　一生的成敗，全繫於意志力的強弱。意志力堅強的人，遇到任何艱難障礙，都能排除萬難，去除障礙，玉汝於成。而意志薄弱者，一遇挫折，便頹喪退縮，導致失敗。

　　實際生活中有許多意志薄弱的年輕人。他們很希望上進只是沒有堅強的決心，不抱著破釜沉舟的信念，一遇挫折立即後退。

　　下了決心，不留後路，竭盡全力，向前進取，那麼即使遇千萬困難，也不會退縮。

　　如果抱著非達目標不止的決心，就會排除阻礙，獲得勝利，把那猶豫、膽怯等妖魔全部趕走。成功之敵，在堅定的

第一章　猶豫是最大的敵人

決心下，必無留存的餘地。

有了決心，便能克服種種艱難，獲得勝利，得到一般人的敬仰。有決心的人，必定是個勝利者。有決心，才能增強信心，充分發揮才智，從而在事業上取得偉大的成就。

世上最可憐的人就是猶豫不決的人。如果有了事情，一定要與他人商量，不去依靠自己，而去依賴他人，這種性格猶豫、意志不堅定的人，既不相信自己，也不為他人所信賴。

好多人怕決斷事情，不敢負責任。之所以如此，是因為不知道事情的結果怎樣。他們只怕如果今天決斷了一件事情，也許明天會有更好的事情發現，以致對於第一個決斷產生懊悔。許多慣於猶豫者，不敢相信他們自己能解決重要的事情，許多人因猶豫不決，破壞了他們美好的理想。

決斷迅速的人，不免要發生錯誤，可是，究竟比一些猶豫者好得多，做事迅速，猶豫者簡直不敢開始工作。

當猶豫不決這陰險的仇敵還沒有傷害你的力量，破壞你求生機會之前，就要即刻把它置之死地，不要等到明天，今天就該開始。要逼著自己，常去練習堅定的決斷，事情簡單時更須立刻決斷，切不要猶豫。

陷入進退兩難的地步，更要竭盡全力來打開出路。

偉人是需要創造出來的，他們為了戰勝一切困難克服種種艱苦，才發揮他們極大的力量，成為名垂青史的人。

美國有許多偉人，起先所做的事，一點沒有表現的能力，直到厄運毀滅了他們的資產，把他們依賴著的謀生方式奪去以後，才發出真正的力量來。

有好多人，一定要等到他們的才能消失之後，才表現出他們的潛力。人的力量往往就潛伏在裡面，到了需要表現時，才會激發出來。

人只有當破釜沉舟後路斷絕，沒有外力扶助的時候才能啟發潛在的能力。當有外力扶助的時候，絕不知道自己的力量。有許多年輕人，他們之所以成功。要歸功於厄運使他們喪失了扶助者，如親屬的死亡或失散；或是失去職業；或是遇到了災禍，於是他們只有靠自己，被迫去為自己奮鬥！

因為失去了依靠，被迫奮鬥的年輕人，便養成了剛毅果敢的獨立性。這種獨立性，是在依靠他人生活時他們從未夢想得到的。

責任乃是能力的最大激發者。沒有責任心的人，永遠不會煥發真正的力量。有許多身體強健的年輕人，都處在平庸的地位，替人工作，他們之所以老是處於這樣的地位，是因為沒有重大的責任，來煥發他們的力量。他們只是依照著別人的規劃去做，從不想別出心裁，來表現自己的才能。

當你把重擔放在肩頭，便會精神煥發，運用自己固有的能力完成任務。其他如自信、剛毅等特性，都能為責任所激

第一章　猶豫是最大的敵人

發。朋友，如果責任臨頭的時候，快樂地歡迎吧！它是使你成功的絕好機會。

猶豫不決，實在影響到人格的建立，它不僅使勇氣消失，意志消沉，而且破壞自信力和判斷力，破壞理智的效能。

猶豫不決，就像一艘船，永遠漂流在狂風暴雨的深海裡面，永遠達不到目的地。

看了下面的故事，你就知道，在人的一生中，果斷地作出決定上多麼重要。

美國拉沙葉大學的一位業務員前去拜訪西部一小鎮上的一位房地產經紀人，想把一個「銷售及商業管理」課程介紹給這位房地產商人。這位業務員到達房地產經紀人的辦公室時，發現他正在一架古老的打字機上打著一封信。這位業務員自我介紹一番，然後介紹他所推銷的這個課程。

那位房地產商人顯然聽得津津有味。然而，聽完之後，卻遲遲不表示意見。

這位業務員只好單刀直入了：「你想參加這個課程，不是嗎？」

這位房地產商人以一種無精打彩的聲音回答說：「呀！我自己也不知道是否想參加。」他說的倒是實話，因為像他這樣難以迅速作出決定的人有數百萬之多。這位對人性有透徹了解的業務員，這時候站起來，準備離開。但接著他採用

了一種多少有點刺激的戰術。下面這段話使房地產商人大吃一驚。

「我決定向你說一些你不喜歡聽的話，但這些話可能對你很有幫助。」

「先看看你工作的辦公室，地板髒得可怕，牆壁上全是灰塵。你現在所使用的打字機看來好像是大洪水時代諾亞先生在方舟上所用過的。你的衣服又髒又破，你臉上的鬍子也未刮乾淨，你的眼光告訴我你已經被打敗了。」

「在我的想像中，在你家裡，你太太和你的孩子穿得也不好，也許吃得也不好。你的太太一直忠實地跟著你，但你的成就並不如她當初所希望的。在你們結婚時，她本以為你將來會有很大的成就。」

「請記住，我現在並不是向一位準備進入我們學校的學生講話，即使你用現金預繳學費，我也不會接受。因為，如果我接受了，你將不會擁有去完成它的進取心，而我們不希望我們的學生當中有人失敗。」

「現在，我告訴你你為何失敗。那是因為你沒有作出一項決定的能力。」

「在你的一生中，你一直養成一種習慣：逃避責任，無法作出決定。結果到了今天，即使你想做什麼，也無法辦得到了。」

第一章　猶豫是最大的敵人

「如果你告訴我，你想參加這個課程，或者你不想參加這個課程，那麼，我會同情你，因為我知道，你是因為沒錢才如此猶豫不決。但結果你說什麼呢？你承認你並不知道你究竟參加或不參加。你已養成逃避責任的習慣，無法對影響到你生活的所有事情作出明確的決定。」

這位房地產商人呆坐在椅子上，下巴往後縮，他的眼睛因驚訝而膨脹，但他並不想對這些尖刻的指控進行反駁。這時，這位業務員說了聲再見，走了出去，隨手把房門關上。但又再度把門打開，走了回來，帶著微笑在那位吃驚的房產商人面前坐下來，說：

「我的批評也許傷害了你，但我倒是希望能夠觸怒你。現在讓我以男人對男人的態度告訴你，我認為你很有智慧，而且我確信你有能力，但你不幸養成了一種令你失敗的習慣。但你可以再度站起來。我可以扶你一把 —— 只要你願意原諒我剛才所說過的那些話。」

「你並不屬於這個小鎮。這個地方不適合從事房地產生意。你趕快替自己找套新衣服，即使向人借錢也要去買來，然後跟我到聖路易市去。我將介紹一個房地產商人和你認識，他可以給你一些賺大錢的機會，同時還可以教你有關這一行業的注意事項，你以後投資時可以運用。」

「你願意跟我來嗎？」

　　那位房地產商人竟然抱頭哭泣起來。最後，他努力地站了起來，和這位業務員握握手，感謝他的好意，並說他願意接受他的勸告，但要以自己的方式去進行。他要了一張空白報名表，簽字報名參加《推銷與商業管理》課程，並且湊了一些零錢，先交了頭一期的學費。

　　三年以後，這位房地產商人開了一家擁有 60 名業務員的大公司，成為聖路易市最成功的房地產商人之一，他還指導其他業務員工作，每一位準備到他公司上班的業務員，在被正式聘用之前，都要被叫到他的私人辦公室去，他把自己的轉變過程告訴這位新人，從拉沙葉大學那位業務員初次在那間寒酸的小辦公室與他見面開始說起，並且首先要傳授的一條經驗就是 ——「延遲決定是最大的錯誤」。

第一章　猶豫是最大的敵人

第二章
做事要先學會做人

第二章　做事要先學會做人

發掘潛力，戰勝自我

　　身心疲憊的時候，你最好的選擇就是去浴室淋浴，當你以水淋身的時候不光消除了你身體上的疲勞，與此同時，你也能夠和自己的心靈做一次很好的交流，滌去你精神上的消極情緒，並真實地描繪你優秀的一面。淋浴能夠洗去你表面汙垢的同時，也能夠使你的心靈獲得清新之感，體驗到你渴求精神上的勝利，回向你內心中的自我心像。你要時刻警惕失敗的入侵，因為你的人生目標是成功。

　　在地球上，你並不是孤立存在的，在你的周圍有許多與你一樣過著同樣平凡生活的人，所以你生活在人數眾多的地球上，要時刻強化你的自我意識，但不要過分強化，否則就成高傲自負了。

　　在生活的每一天，你在精神上都有一個高潮期，這就是你工作的最佳時刻，所以你必須在有限的精神高潮期集中所有的體力和精力，發揮你的潛能，開拓你的事業。

　　你要時刻檢察自己的思想和行為，不要讓你的精力做無謂的耗損。無論何時，你都不要讓你的思想捲入恐慌的漩渦，而是讓你的思緒天馬行空、自由自在。而且，你要清楚地知道，快樂永遠屬於你，成功的權利永遠屬於你，戰勝一切的決心和勇氣永遠屬於你。你和上帝沒有什麼區別，你並不孤獨，且是世間舉足輕重的人。

　　你在開始工作之前，首先要決定你是想竭盡全力積極創造一個美好快樂的生活？還是想承受失敗的痛苦躲進洞穴深處？當然，在你奔向成功的殿堂時，會在成功的大道上不可避免地遇到各種困難、各種障礙。這些都無所謂，因為人的一生就是積極進取的一生、勇於創造的一生、艱苦奮鬥的一生，所以，你開始工作的時刻就是一個重要的時刻、關鍵的時刻、且決定勇敢的你自信成功的時刻，所以，在你進入工作狀態之前，你要對你的外表雕飾一下，洗臉、梳頭、修面或塗唇膏，選一件陽光外衣，穿一條合身的長褲和鞋子，然後攬鏡自照一番，端正你的自我心像。同時，你對自己必須有一種健全的好感，否則，失敗會找上門來。

　　清晨，當你的意識甦醒的時候，你就要立即投入你的工作了，你今天計劃完成一些什麼事情？你想達到什麼樣的效果？把這些瑣碎的事彙總後，在心中擬成一張表，但是制定這些計畫的前提是你必須有興趣、有能力實現這些目標。如果你的目標在別人眼中不切實際，但是只要你覺得這些目標對你有意義，那麼別人的觀點你可以不予理睬。你在向你的目標進發時一定要充滿熱忱、充滿熱情，讓你生活中的每一天都充滿陽光、都過得更有意義。

　　在世界歷史上，絕大多數的英雄人物都未能充分利用自身的潛力，這也算是他們一生中的遺憾了，究其原因就在於

第二章　做事要先學會做人

英雄無用武之地，所以他們的潛能沒有完全發揮出來。

擁有足夠的自信是你成功的基石。我曾經介紹過發明家愛迪生和美國第三位總統湯馬斯·傑弗遜（Thomas Jefferson）的事蹟，他們都因擁有足夠的自信而成為成功的典範。

傑弗遜對自己的才華和工作能力充滿了自信，因此他的成就非常偉大。在他擔任總統期間，他為美國做出了傑出的貢獻，人們不會忘記他所起草的獨立宣言，這已是聞名世界的事了。

傑弗遜在政治方面所做的成就也多得數不勝數。在美國歷史上，像傑弗遜一樣做出如此眾多如此出色成就的政治家寥寥無幾。說他名垂千古，一點都不過分。

實際上，他在其他方面也做出了傑出的成就。他是個出色的父親，撫養著兩個女兒；他創辦了美國維吉尼亞大學；他曾任美國哲學會會長；他曾支援過美國第一個科學考察隊；他在建築學上也有很高的造詣，曾經為自己和朋友設計過房屋，是個出色的建築家。

如果你想創造美好幸福的生活，那麼就必須將消極思想趕出你的心靈，就必須勇敢面對自己的缺點和錯誤以及那些消極的思想，並且儘快加以糾正。

在未來的日子裡充分利用真正屬於你的時間和才能，儘快進入創造的自由空間，讓你的未來充滿熱情和希望。

你不要因別人的成功而失落，只要你能夠充分地利用真正屬於你的時間和才能，你就是被羨慕的人。

人生難免遭遇困難苦痛，但凡是有意義、有價值的生活都應倍加珍惜。

如果你能正確地面對自己，糾正自身缺點和錯誤，發揮你的優點和才能，奔向人生的成功目標，那麼你的生活將更加快樂和幸福，你的人生將更有意義和價值。這並不是你的幻想，是完全可以實現的。

堅定意志，振作精神，做好一切準備，現在就開始行動吧！

不要讓環境束縛自己

前面的例子都是關於人們為了發財致富而充分把握機會獲得成功的，但是在我們生活的社會裡，還有新一代人，如工程師、藝術家、詩人、學者、作家、電工等等，他們尋找機會去做一些比單純地聚積財富更為高尚的事情。財富僅僅是一個機會而已，它並不是一個人一生的終極目標；獲得財富只是人生所有事業中的一小部分而已，它並不代表一個人事業的巔峰目標。

貴格派教徒伊麗莎白・弗雷（Elisabeth Fraser）夫人認為，關注並關心英格蘭女子監獄的狀況是自己的「機會」。

第二章　做事要先學會做人

在西元 1813 年前的英國，倫敦紐蓋特監獄還經常會有三四百名衣衫襤褸、幾近半裸的女囚們在同一個牢房裡等待判決。牢房裡既沒有床，更沒有床上用品，一些老年婦女、年輕女子，甚至年紀尚小的女囚們都睡在牢房的地板上，上面只鋪著一些骯髒破爛的碎布片。她們的生存狀況沒有人去關心，連當局也很少顧及她們的死活，她們甚至得不到能夠果腹的食物和水。

在紐蓋特監獄，弗雷夫人的造訪讓這群鬼哭狼嚎般吵鬧不休的人心中又燃起了生活的希望。她告訴眾人，她希望能為這些年輕的以及年齡尚小的女孩們建一所學校，讓她們學習科學知識和專業技能，並要求她們自己推舉一名女校長。聽了弗雷夫人的一番話，這群人驚呆了，等她們恢復意識後，她們興奮地歡呼雀躍，並推舉一名因盜竊一隻手錶而被投入監獄的女囚做她們的校長。3 個月後，這群經常被人們稱為「瘋狂的野獸」的女囚們在監獄的教育下已重現了往昔的本分與溫和。

這項關於監獄的改革很快在英國的各所監獄推廣開來，最終，政府也開始重視這項改革，並進行了相應的立法。實際上，在英國還有許多女士像弗雷夫人那樣熱衷於這項事業，她們主動而積極地為女囚們提供衣物，並承擔起了教育女囚的責任。這項事業至今已有 80 年的歷史了，現在，整個

文明社會已經完全接納了弗雷夫人的計畫與設想，並在不斷進行改進和發展。

不要讓萎靡不振掌控你

「萎靡不振」是世人普遍的缺點，也是最難治癒的，它能使很多優秀的人陷於絕望的境地。

一個人如果萎靡不振、悲觀沮喪沒有生氣，那麼他的行動必然遲緩，而且事業上也會七零八落，到處一片狼藉。萎靡不振的人總是一副軟弱無力的樣子，似乎一陣風都能將他吹走，整個人神情倦怠，呆頭呆腦。

一些剛剛步入社會的年輕人，朝氣蓬勃、活力四射，有堅定信念和遠大的志向，但是他們要注意交友時一定要避開那些意志不堅、精神頹廢的人，因為一旦染上了這種人的不良習氣，即使日後得到了糾正，也會對事業和前途產生重大影響。

無論對事業的成功，還是對人格的培養，做事猶豫不決，不能當機立斷都具有極大的危害。遇事思前顧後、左思右想、拿不定主意的人經常會遭受失敗的打擊。他們因此懷疑自己的能力，懷疑自己的才學，所以最優秀的特質、最優良的技能也可能在這種不良習氣的影響下退化了。

精神萎靡、做事拖延的人往往不能集中精力立即決斷手頭的事情。他們總是言語不暢、做事懈怠，沒有主見，懷疑

第二章　做事要先學會做人

自己做事的能力，不能放開手腳成就事業。而那些行事幹練、言語俐落、神采奕奕、活力四射的人從不思前想後，看準的事，說做就做，從不拖泥帶水。也只有這樣的人才敢堅持自己的立場，遇到困難勇於挑戰。自己認為正確的事，就要全力以赴去做，這樣才能收穫成功。

有個故事大家一定都讀過，書中的主角就是一個做事猶豫不決的人。在很小的時候，他就下決心要砍掉附近一棵擋路的樹，但是直到他鬢如白雪，那株樹也依然茂盛地生長在路中央，這時，他才決定去找一把斧子去砍樹。還有一個藝術家，他早就想畫一幅聖母瑪麗亞的像，他整日在頭腦中構思聖母瑪麗亞的形態、姿勢和配什麼樣顏色的衣服，一下子覺得這樣好，一下子又覺得那樣也不錯，直到他步入天堂也沒有讓聖母瑪麗亞的肖像問世。現在他又去天堂構思了，也許會在天堂的畫廊裡看到這幅久違了的聖母瑪麗亞像。

一個人做什麼事都要有恆心、有毅力、有不怕吃苦的精神，只有堅持不懈地努力追求，才能獲得成功。

遇事猶豫不決、萎靡不振的人往往會讓人反感，人們對他沒有好印象，自然也就不會信任他，幫助他解決實際困難。只有意志堅定、精力充沛、有魄力、有膽識、腳踏實地的人才能在人們心中建立起強人形象，人們才肯給他發展事業的空間和奔向成功的機會。

　　無論做什麼事，我們都要集中全部精力認真對待，哪怕是寫信打雜等微不足道的小事也是一樣。同樣，我們心中如果有了完整的計畫，那麼就要在第一時間將它付諸於行動。否則養成了做事拖延的壞習慣，一定會影響計畫的成功，使自己的一生深受其害。

　　為什麼別人容易成功，而自己卻沒有成就呢？這是一些生活平庸的人常常問自己的問題，他們不知道失敗都源於自身。工作上不努力，不能集中心智和體力去開拓事業，整日無精打采、萎靡不振，沒有遠大的理想和追求成功的決心，遇到挫折就退縮，這些來自於自身的主觀原因是影響他們事業成功的最大障礙，所以不要光看到別人的成就，要知道輝煌的成就都是努力奮鬥的結果，自己主觀不努力是不能夠獲得成功的。

　　如果一個人意志堅定、勤奮好學、做事果斷、機智勇敢、精力充沛、誠實守信、品格高尚、博學多才、信心十足，那麼他所從事的事業一定能夠步入成功的軌道。如果一個人整日精神萎靡、做事猶猶豫豫、態度隨隨便便，即使他才思過人、品格高尚、為人誠懇，也難逃失敗的命運。

　　在城市的角隅和街頭巷尾，生活著一個失敗者的團體，他們四處流浪，居無定所，食不果腹，他們漂泊在世界的各個角落卻不思進取，安於漂泊的生活，他們在生存的競賽場

第二章　做事要先學會做人

上輸給了那些才思敏捷有魄力、有決心的成功者，失去了賴以謀生的手段，只能以乞討為生。他們並不是天生的失敗者，他們或許曾經有快樂的童年、安逸的生活、穩定的工作，但是依賴他人生活是靠不住的，只有自己主觀努力，堅定意志，發揮自己的聰明才能，才能夠在自下而上的競賽場獲得一席之地。如今，他們再也提不起精神去奮鬥了，再也沒有勇氣開創新的生活了，只能像無根之草一樣，隨遇而安了。

純真爛漫、朝氣蓬勃的年輕人最易感染沒有明確目標和主觀見解的可怕疾病，這種疾病很難治癒，常常使他們的事業變得雜亂不堪，使他們的生活每況愈下，但是他們從來不想從這種可怕疾病的陰影中走出來，而是安於平庸、無聊、乏味的生活，任這種疾病在他們的身上滋生蔓延。造成這種病灶發病的主要原因就在於他們沒有遠大的目標和正確的思想支配他們的頭腦和行為，使他們養成了自暴自棄的不良習慣。從此，計畫、目標、希望杳無蹤跡，他們根本無法從失敗的陰影中走出來。

你能很容易地給一個剛剛走出校門、步入社會的熱血年輕人指出一條正確道路，但是你卻很難改變一個精神萎靡、意志消沉、屢次失敗者的命運。那些安於平庸的失敗者們之所以安於平庸，就是因為他們認為自己已經不再有力量、不再有希望了，所以他們活在世間如行屍走肉一般，根本無法

振作精神，重新做人了。

許多人自身的缺點太多，懦弱而無能，所以他們無論做什麼事都半途而廢，雖然一生沒有犯過什麼大錯，但是他們自身不求上進、意志不堅、做事不能當機立斷、沒有持久忍耐力的缺點卻注定了他們失敗的命運。這些可憐的人如果能夠徹底反省，改正自身的缺點，堅定信念朝著成功的目標持之以恆努力奮鬥，那麼成功將在不遠處向他們招手。

西元 1800 年代歐洲著名金融家內森尼爾‧查爾斯‧羅特希爾德（Nathaniel Charles Rothschild）在講到他自己和 4 個兄弟時說：「在法蘭克福，當時我們的空間還很小，我們經營的是英國貨。但是，有一位做大買賣的商人到了那裡，他的確是一個很不起的人物，沒過多久，那裡的市場就被他完全占領了。如果他給我們供貨，那將對我們非常有利。但是，有一次我在不經意間惹惱了他，於是，他拒絕讓我看他的貨樣。我還記得那天是星期二，我告訴父親我要去英國採購貨物。我星期四就動身出發了。一路之上，我發現離英國越近的地方貨物的價格越便宜。當我一到達曼徹斯特時，我就將身上所有的錢都定了貨，而且價格十分便宜。最終我從中獲得了豐厚的利潤。」

「我希望，你的孩子們感興趣的不只是做生意和賺錢，生活中還有其他更重要東西值得他們去體味，不要對它們視

而不見。我想，這也不是你希望看到的。」一個聽他講述這件事的人說。

而羅特希爾德說：「我倒希望這樣，希望他們不光能吃苦，還要有出眾的才能，全心全意地將所有的精力集中到做生意上，這是得到幸福的唯一途徑。」

他又對一位年輕的釀酒師說：「年輕人，要堅持做一件事情。你是一名釀酒師，那麼你就堅持釀你的酒，總有一天你會成為倫敦最偉大的釀酒師。但是，如果你既要釀酒，又要當製造商，當銀行家，還要做貿易，那麼你最終將平凡過一生。」

當今這個時代要求我們不要博而泛，要精而專。在這個社會分工越來越細，專業領域越來越精的時代，如果一個人不能把精力很好地集中起來，那麼他注定會一事無成。

在行動中去檢驗去完善

「行事正當」能使你的計畫獲得滿足，因而建立自信。「行事乖謬」會導致兩種消極的結果：第一，罪感會腐蝕我們的信心。第二，別人遲早會發現而不再信任我們。

先行動起來，在行動中去檢驗去完善。

許多人做事都有一種習慣，非等算計到「萬無一失」，才開始行動。其實，這還是「惰性」在作祟，周密計畫只不過是一個不想行動的藉口。首先，生活中、工作中的目標，

並非都是「生死攸關」，即使貿然行動，也不會有什麼大不了的事發生；其次，目標是對未來的設計，肯定有許多無法掌握的因素，目標是否真的適合自己，其可行性如何，也只有行動才是最好的檢驗。「行動是檢驗真理的唯一標準」、「穿上鞋子才知道哪裡夾腳」都能證明這一論點。還是先行動起來，沒有行動，心態不可能積極，目標不可能清晰。

行動確實可以治療恐懼。里查‧史華茲（Richard C. Schwartz）博士提到以下這個例子：

曾有一位 40 歲出頭的經理人員苦惱地來見我。他負責一個大規模的零售部門。

他很苦惱地解釋：「我怕會失去工作了。我有預感我離開這家公司的日子不遠了。」

「為什麼呢？」

「因為統計資料對我不利。我這個部門的銷售業績比去年降低了 7%，這實在很糟糕，特別是全公司的總銷售額增加了 6%。而最近我也做了許多錯誤的決策，商品部經理好幾次把我叫去，責備我跟不上公司的進展。」

「我從未有過這樣的光景。」他繼續說，「我已經喪失了掌握局面的能力，我的助理也感覺出來了。其他的主管察覺到我正在走下坡，好像一個快淹死的人，這一群旁觀者站在一邊等著看我一點一點沒頂。」

第二章　做事要先學會做人

這位經理不停地陳述種種困局。最後我打斷他的話問道：「你採取了什麼對策？你有沒有努力去改善呢？」

「我猜我是無能為力了，但是我仍希望會有轉機。」

我反問「只是希望就夠了嗎？」我停了一下，沒等他回答就接著問：「為什麼不採取行動來支持你的希望呢？」

「請繼續說下去。」他說。

「有兩種行動似乎可行。第一，今天下午就想辦法將那些銷售數字提高。這是必須採取的對策。你的營業額下降一定有原因，把原因找出來。你可能需要來一次廉價大清倉，好買進一些新穎的貨色，或者重新布置櫃臺的陳列，你的銷售員可能也需要更多的熱忱。我並不能準確指出提高營業額的方法，但是總會有方法的。最好能私下與你的商品部經理商談。他也許正打算把你開除，但假如你告訴他你的構想，並徵求他的忠告，他一定會給你一些時間去進行。只要他們知道你能找出解決之道，他們是不會做划不來的事換掉你的。」

我繼續說：「還要使你的助理打起精神，你自己也不能再像個快淹死的人，要讓你四周的人都知道你還活得好好的。」

這時他的眼神又露出勇氣。

然後他問道：「你剛才說有兩項行動，第二項是什麼呢？」

「第二項行動是為了保險起見，去留意更好的工作機會。我並不認為在你採取肯定的改善行動，提升銷售額後，工作還會不保。但是騎驢找馬，比失業了再找工作容易 10 倍。」

沒過多久這位一度遭受挫折的經理打電話給我。

「我們上次談過以後，我就努力去改變。最重要的步驟就是改變我的銷售員。我以前都是一週開一次會，現在是每天早上開一次，我真的使他們又充滿了熱忱，大概是看我有心改革，他們也願意更努力。」

「成果當然也出現了。我們上週的營業額比去年高很多，而且比所有其他部門的平均業績也好很多。」

「喔，順便提一下，」他繼續說，「還有個好消息，我們談過以後，我就得到兩個工作機會。當然我很高興，但我都回絕了，因為這裡的一切又變得十分美好。」

「行動具有激勵的作用，行動是對付惰性的良方。」

你也根本不必先變成一個「更好」的人或者徹底改變自己的生活態度，然後再追求自己嚮往的生活。只有行動才能使人「更好」。因此最聰明的做法就是向前，進而去實現自己所嚮往的目標，想做什麼就去做，然後再考慮完善目標。只要行動起來，生活就會走上正軌而創造奇蹟，哪怕你的生活態度暫時是「不利的」。

第二章　做事要先學會做人

正如英國文學家、歷史學家狄斯累利所言：

「行動不一定就帶來快樂，但沒有行動則肯定沒有快樂。」

人的一生中，有著種種計畫，若我們能夠將一切憧憬都抓住，將一切計畫都執行，事業生涯上的成就，不知會怎樣的宏大；我們的生命，不知將怎樣的偉大！

我們總是有憧憬而不去抓住，有計畫而不去執行，坐視各種憧憬、計畫幻滅消逝！

希臘神話告訴我們，智慧女神美納娃，突然從丘比特的頭腦中披甲執戈一躍而出。

人們的最大創意、憧憬，像美納娃一樣，往往是在某一瞬間突然從頭腦中很完備、很有力地躍出來的。

凡是應該做的事，拖延著不立刻做，想留待將來再做，有著這種不良習慣的人總是弱者。

凡是有力量、有能耐的人，總是那些能夠在一件事情意味新鮮及充滿熱忱的時候，就立刻迎頭去做的人。

每天有每天的事。今天的事是新鮮的，與昨日的事不同，明天也自有明天的事。今天之事應該就在今天做完，千萬不要拖延到明天！拖延的習慣有礙於人做事。

過度鄭重與缺乏自信是做事的大忌。在興趣熱誠濃厚的時候做一件事，與在興趣熱誠消失了以後做一件事，其間的

難易、苦樂真不知相差多少！

在興趣熱誠濃厚時，做事是一種喜悅；興趣熱誠消失時，做事是一種痛苦。

擱著今天的事不做而想留等明天做，就在這個拖延中所耗去的時間、精力，實際上能夠將那件事做好。

做以前積疊下來的事，我們覺得多麼的不愉快而討厭！

在當初可以很愉快容易地做好的事，拖延了數日數星期之後，就會顯得討厭與困難了。

接到信件，應該立刻作覆，最為容易；因此有的機關、公司中訂下規則，不准任何來函隔夜不覆。

命運無常良緣難！在我們的一生中，每有良機、佳遇的到來；但總是一瞬即逝。我們當時不把它抓住，以後就永遠失掉了。

有計畫而不去執行，使之煙消雲散，這對於我們的品格力量產生非常不良的影響。

有計畫而努力執行，這就能增強我們的品格力量。有計畫不算稀奇，能執行訂下的計畫才算可貴。

一個生動而強烈的意象、觀念闖入一位作家的腦海，生出一種不可阻遏的衝動 —— 要想提起筆來，將那美麗生動的意象、觀念移向白紙。

但那時他或許有些不方便，所以不立刻就寫。那個意象

第二章　做事要先學會做人

不斷的在他腦海中活躍、催促，然而他還是拖延。後來那意象便逐漸的模糊、黯淡了，終至於整個消失！

一個神奇美妙的印象突然閃電一般的襲入一位藝術家的心胸，但是他不想立刻提起畫筆將那不朽的印象繪在畫布上。這個印象占領了他全部的心靈，然而他總是不跑進畫室埋首揮毫。最後這幅神奇的圖畫，會漸漸地從他的心版上淡去了。

塞萬提斯說：

「取道於『等一會』之街，人將走入『永不』之室二。」

此話說得太對了。

為什麼這些印象、衝動是那樣的來去無蹤？其來時，是那樣的強烈而生動；其去時，是那樣的迅速而飄忽？

就是因為這些印象之來，原是要我們在當初新鮮靈活時，立刻就去利用它們的。

拖延往往會生出悲慘的結局，凱撒因為接到了報告沒有立刻展讀，遂至一到議會便喪失了生命；拉爾大佐正在玩牌，忽然有人送來一個報告，說及華盛頓的軍隊，已經進展到拉華威，他將來件塞入衣袋中，牌局完結他才展開那報告，他立刻調集部下、出發應戰，但時間已經太遲了，結果全軍被擄，而他本人也以身殉國，僅僅是幾分鐘的延遲使他喪失了尊榮、自由與生命！

應該就醫而拖延著不去就醫，以致病情嚴重或免不治，

這樣的人為數不少吧！

　　習慣之中足以誤人的無過於拖延的習慣，世間有許多人都是為此種習慣所累而至陷入悲境。拖延的習慣，最能損害及減低人們做事的能力。

　　你應該極力避免拖延的習慣，像避免一種罪惡的引誘一樣。

　　假使對於某一件事，你發覺自己有著拖延的傾向，你應該直跳起來，不管那事怎樣的困難，立刻動手去做不要畏難、不要偷安；這樣久而久之，你自能撲滅那拖延的傾向。

　　應該將「拖延」當作你最可怕的敵人；因為他要竊去你的時間。品格、能力、財富與自由，而使你成為他的奴隸。

　　要醫治拖延的習慣，其唯一方法，就是事務當前，立刻動手去做。多拖延一分，就足以使那事難做一分。

　　「要做立刻做去！」這是百萬富翁的格言。凡是將這句格言作為座右銘的年輕人，永不會有悲慘的結局。

　　以前日軍侵占馬尼拉時，菲律賓海軍的一名文職僱員被捕了。他被關進一個旅館，兩天後又被送往一個集中營，他叫哈蒙。

　　就在到達集中營的第一天，哈蒙看見一個難友的枕頭底下有一本書。他向難友借了這本書。這本書叫做《人人都能成功》。

第二章　做事要先學會做人

在哈蒙閱讀本書之前，他的情緒很壞。他恐懼地望著在那個集中營裡可能遭受的折磨，甚至死亡。

但是，當他讀了這本書時，他就被希望所鼓舞。他渴望擁有這本書，讓它陪伴自己一起去迎接前面那些可怕的日子。

哈蒙在與難友討論《人人都能成功》中的問題時，了解到這本書是他自己一筆巨大財富。

「讓我抄這本書吧！」他說。

「當然可以。你開始抄吧！」這是回答。

哈蒙立即開始抄書。一字又一字，一頁又一頁，一章又一章，他緊張地抄著。

他時刻感到有可能隨時失去這本書的苦惱；這本書會在任何時候被拿走，但這種苦惱激勵他日夜工作。

真是幸運，哈蒙在抄完這本書的最後一頁後不久，他就被轉移到臭名昭著的聖多·托到斯城集中營。

哈蒙之所以能及時完成抄書工作，乃是因為他能及時開始這項工作。

哈蒙在三年零一個月的囚犯生活中隨時都帶著這本書，把它讀了又讀。這本書給他豐富的精神食糧；鼓舞他產生勇氣，制訂未來計畫，保持和增進心理和生理上的健康。

聖托馬斯監獄的囚徒在生理和心理上永遠受了傷害 —— 恐懼現在，他恐懼未來。

「但是，我在離開聖托馬斯時覺得好多了。在那裡我更好地為生活作了準備，心理上也更活躍些。」

哈蒙告訴我們。

在他的談話中，你可感受到他的主要思想：

「成功必須不斷地實踐，否則它會長上翅膀，遠走高飛。」

獲得卓越創意仍然不夠，因為獲得創意只占整個解決問題過程的 1/10，其餘 9/10 則是對創意的善後工作，立即對創意進行加工。

創意只有與行動結合，才會走向成功。

謹防疏忽釀大禍

「萬事皆因小事起」這是智慧的所羅門國王說過的名言。故事「摩德納的水桶」就是這句名言最具代表性的例證。西元 1005 年，摩德納聯邦的幾個士兵帶著這個著名的水桶跑到了波羅尼亞國下屬的一個共和國裡去了。這其實是一件芝麻大的小事，但卻成了一場戰爭的導火線，這場戰爭歷時竟達十幾年。

由多國參與的克里米亞戰爭也是因一件小事引發。在耶路撒冷聖墓中擺放著一個神龕，當時土耳其宣稱其屬於本國基都教會所有，並擅自將神龕裝在盒子裡鎖了起來。不料土

第二章　做事要先學會做人

耳其的這一行為激怒了希臘君民，他們要求土耳其交出盒子的鑰匙，但土耳其拒絕交出。於是，雙方展開了爭奪戰。後來，拉丁教會的代表法國和希臘的保護國俄國也參與了進來，問題越來越複雜化，俄國指令土耳其對希臘的教會給予補償，但土耳其拒絕執行。由於英國有史以來就是土耳其的護衛者，所以沒有理由不加入到土耳其一方，與其共同反擊法國和俄國。這樣，因一把鑰匙引發的紛爭愈演愈烈，最後，造成了巨大的人員傷亡和財產損失。

幾杯酒竟顛覆了一個強盛的王朝，改寫了法國的歷史。當時法國王位繼承人奧爾良公爵擁有很高的威望，一日，他去朋友那參加宴會，酒桌上奧爾良大公興致高漲，加之朋友們的力勸，多喝了幾杯。宴會結束後，他叫來一輛馬車準備離去。可是，就在他踏上馬車的一剎那，馬匹突然有些受驚，猛抬起前蹄將他大頭朝下摔翻在人行道上，昏死過去。如果不是那幾杯酒，他也許會急時抓住馬車上的欄桿不被摔出去，或者，即使被摔出去，也不至昏迷過去，還有醒過來的可能。但是，他再也沒有醒來。就是這幾杯酒使他丟掉了王位繼承人的頭銜，使他的家人流放異鄉，家族的巨額財產也全部被充公。

大約在半個世前的一個清晨，一個信使員給一家鄉村客棧的老闆娘送來了一封信，老闆娘接過信仔細看了看，又原

封不動地把信還給了信使，說自己拿不出昂貴的兩先令郵費，這時候，客棧裡的一位客人剛好走過來，聽到老闆娘的話，堅持要替她交付郵費，但被老闆娘拒絕。等信使走遠後，老闆娘將實情告訴了這位客人。原來，那封信裡根本沒什麼內容，是老闆娘和她的弟弟早就約定好的，寫信的時候只要在信封上做一些特殊的記號，他們就會彼此明白對方近況很好，這樣既省去了昂貴的郵費，又可以免遭擔心之苦。這位客人聽完事情的原委，即刻做出了一項重要決定——改革郵政制度，降低郵費。其實這位客人就是當時著名的國會議員羅蘭德·希爾（Rowland Hill）。一件小事，使成千上萬的英國貧民免受相思之苦，其力量真的不容忽視！

提起參軍，尤利西斯·S·格蘭特（Ulysses S. Grant）將軍總是意味深長地說要感謝他的母親，感謝母親讓他去借奶油這件小事，他說，要不是那天母親要他到鄰居家去借奶油，他就不會在路上得知西點軍校正在招生的資訊，就不會半路去申請到西點軍校的名額，也就沒有機會接受正規的軍事教育，更不會有在國家的危機中大展才能的機遇，當然，他今天擁有的一切，以及總統的寶座就更無從談起了。

世界上很多重大發現都源一件小事，比如赫庫蘭尼姆古城遺址是一個礦工在挖井時偶然發現的；馬德拉群島現於一次錯誤的航海冒險事件。

第二章　做事要先學會做人

　　還有很多發生在人類身上的始料不及的小事。芝加哥的一個 10 歲男孩在削蘋果皮的時候不小心劃破了手指，結果沒過幾天竟死於破傷風；在洛山磯，一個人從床上跳下來，剛好踩在一顆釘子上，穿透了他的腳心，10 天後，這個人因醫治無效早早離世了。

　　人類至今難以攻克的疾病之一就是血液中毒，但感染病毒的途徑看起來卻與之大相逕庭。一個人疊紙時被銳利的紙邊緣劃傷後，毒素就從這個小小的傷口乘虛而入，使這個人很快就停止了呼吸；一個愛乾淨的人，有一次剪指甲時不小心剪掉了指甲裡面的嫩肉，一個星期之後他就含怨死去了。

　　一位先生迎著風趕去上班，由於時間比較緊，他沒在意掉進眼睛裡的一小粒灰塵，幾天後，當他感覺到不舒服去看醫生時，才知道已經來不及了，他的整個半邊臉都腫了，毒素發作，3 天之後他就死了。有一個法國人，再過幾天就年滿 50 歲了，他額前有一縷白頭髮很顯眼，這讓他還不滿 30 歲的未婚妻覺得很難看。於是，為了取悅未婚妻，法國男人拔掉了這縷白髮。但是，他注意到被拔掉頭髮的那塊頭皮有些紅腫發炎，似乎還有擴散的跡象。於是，他去醫院向一位皮膚科大夫詢問，得到的答案令他非常恐慌，他被告知生命垂危，後來儘管他嘗試了很多方法，也未能挽回生命。英國王妃愛麗斯（Princess Alice, Duchess of Gloucester）為了滿

足身染白喉病的兒子最後一個願望，深情地親了他一下，不想，就是這最後的一個吻使自己也丟掉了性命。

忘記在字母「t」上加一橫，或者因大意沒有在字母「i」上加一個點，都有可能讓你因此而損失萬貫家財或錯失發財良機。

匈牙利奈米斯村莊的 130 間房屋毀於一個玩火柴的小男孩之手，全村的男女老少不了不上街乞討以度眼前危機。

「小錯誤的可怕之處在於它不會總是停留在原有程度上，小錯誤往往會帶來大災難。」

列車員或工程師的手錶若因某種原因走慢了兩分鐘，那麼兩輛滿載乘客的快速列車就有可能猛烈地撞在一起，這麼細微的一點疏忽，卻可能會製造出震驚全世界的慘聞，有多少幸福的家庭要受失去親人的痛苦，有多少孩子會失去父親或者母親，又有多少快樂的人從此心情鬱悶，孤苦一生。

要麼不做，要做就做最好，一個人做自己要做的事應該有這樣的態度：要麼不做，要做就做最好。

對成功的期盼來自四個字 ——「盡力做好」，這就是渴望取得成功這一心理的根源所在，你也許已經無數次地聽到或使用過這四個字。騎車郊遊，或到公園悠閒漫步，這又有什麼不對的呢？在生活中，為什麼不能僅僅去做一些事情，而並不一定非得「盡力做好」呢？「盡力做好」這種迷思會

第二章　做事要先學會做人

使你既不能嘗試新的活動，也不能欣賞目前正在從事的活動。

有一位名叫盧安的高中生，18 歲。她滿腦子都是想要成功的概念。她是個標準的資優生，踏進校門以來就一直如此。她每天花大量時間拚命讀書、做作業，因而沒有時間度過自己想過的生活。她簡直就是一架儲存書本知識的電腦。盧安非常羞於和男孩子接觸，長到這麼大還從未與男孩子牽過手，更別說約會了。她養成了一種神經性抽搐的習慣，每當與人談及她的性格時，她的面部就會抽搐。盧安一心想做一個成功的學生，並因此忽略了人生的全面發展。

後來，她找到了一位諮詢專家，專家問她，在她生活中什麼更重要一些，「是你的知識，還是你的感覺？」── 她自己也搞不清楚。儘管她是個出類拔萃的資優生，但她的內心卻並不安寧，而且非常不快樂。在幾次向諮詢專家求助以後，她開始重視自己的情感，她用學習課程的頑強精神來學習新的思維方法。一年之後，盧安終於發生了很大的可喜變化：她在大學一年級的英語考試中有生以來頭一次得了個 3分，她的媽媽非常擔心。於是又找到了諮詢專家，而專家欣喜地告訴她媽媽，這是件大好事，正說明她女兒在其他方面開始有所用心，說明她開始全面發展；當媽媽的應該好好為她慶賀一番。

力求盡善盡美

不追求完美，溫斯頓·邱吉爾曾講過一句著名的話：「唯盡善盡美者為上。」

這句話表明，總想取得成功的心理會使你陷入一種惰性之中。

是的，事情追求完美，都要拚命做好，這表面上看確是一種好事，但它卻會使你自已陷入一種生活的癱瘓。在日常生活中，你確實可以找到一些自己真正想做的事情，想拚命地去做好。但大多數情況下，盡力做好、或僅僅是好好地做這種心理本身便是阻礙你做事的障礙。不要讓完美主義妨礙你參加愉快的活動，而僅僅成為一個旁觀者。你可以試著將「盡力做好」改成「努力去做」。

從某種程度上講，完美主義意味著惰性。我們經常聽到有的人在說，我要麼不做，要麼就做到最好。但試想一下，如果你做都不做，怎麼做得最好？如果你總是在為自己制訂一些盡善盡美的標準，那麼你便不會去嘗試任何事情，也不會有多大作為，因為盡善盡美這一概念並不適用於我們每一個普通人，我們每個人都不可能做到事事完美。因此，如果你已經身為人之父母，就不應要求自己的孩子在任何方面都做得最好，因為這種要求會使小孩子產生精神癱瘓和怨恨情緒。相反，你可以和孩子們談談他們最喜歡的那些事情，並

可鼓勵他們把這些努力做好，而非「做到最好」。至於其他活動，「做」比「做得最好」更為重要。

　　你可以教孩子嘗試許多事情，但不一定要求他們做得最好。例如，你可以教小孩子排球，而不是讓他們站在一旁說「我不會」，當然，你並不一定想讓孩子奪得排球冠軍。只要孩子喜歡，就應鼓勵他們去滑雪、唱歌、畫畫。跳舞等等，而不應僅僅因為他們可能做不好某件事就不讓他們去做。要培養孩子的競爭意識，但不要讓他們永無止境地去競爭、爭強好勝，試圖將每件事都做得最好。相反，你應該在孩子們所喜歡和重視的那些方面多多培養他們的自尊、自豪與興趣。

　　與成人相比，兒童更容易受到外界的影響，他們往往將自我價值與其成敗畫上等號。因此，他們會避開那些自己不會做或做得不好的活動。更為危險的是，他們可能會養成一種自卑、尋求讚許、內疚等心理，這些都是由於自我摒棄心理而生的所有迷思。

　　許多人總是將自己的價值與事業成敗畫上等號，但很少有人會感到自己確實很有價值，就拿最偉大的發明家托馬斯‧愛迪生來說，如果他以某項工作的成敗來衡量其自我價值，那麼他在第一次試驗失敗之後就會認輸，就會宣布自己是個失敗的發明者，並停止自己那些被他人視為瘋者所想的

發明計畫。然而，他沒有認輸。俗話說，失敗是成功之母，失敗可以激勵人們去努力、去探索。如果我們從失敗中找到了通往成功之路的方向，或者從失敗的經歷中獲得了某些經驗教訓，這也是一種成功。

無數事實已經表明，沒有失敗，我們就什麼也學不到；然而，現實生活中，人們往往只去讚賞成功，而批評失敗，我們已經學會將成功視為唯一可以接受的衡量標準，我們往往避免進行可能會失敗的活動。因此，懼怕未知的一個主要原因是害怕失敗。人們往往不做沒有成功把握的任何事情。這樣，害怕失敗意味著既懼怕未知，也懼怕由於沒有「盡力做好」引起的別人對你的不利看法。

如果你的腦海中存有失敗的思想，我將要對你提出這樣的忠告，趕緊把它驅逐掉，因為失敗的想法勢必招致失敗！

現在不妨讓我講述某些人的成功故事，以印證這個哲理，讓我們參考他們曾運用過的技術和方法。如果你能以慎重的態度去思考、研究這些案例，讓自己的想法如同這些人般積極，那麼你將能克服那些看來勢必導致失敗的困難。

首先，我希望你不要成為下例中的「一言居士」。

在某公司，有一位綽號為「一言居士」的人，每逢公司作出決議的時候，這位一言居士必然高談闊論，以那些似是而非的論點持反對意見，這就是他的壞習慣，也是他之所以

第二章 做事要先學會做人

獲得「一言居士」綽號的由來。但是有一回，在偶然的經歷中，他卻受到相當深切的教誨，並使得他一改以往的心態和作風。事情發生的經過是這樣的：

有一次，公司方面面臨一項重要的經營決策問題。這個問題關係到一項極其成功的希望，但卻需要花費相當大的資金，且風險性高得近乎孤注一擲的買賣。公司的經營者為此傷透腦筋、舉棋不定。在討論此決議時，一言居士依然以他一貫的作風，擺出學者的姿態開口說道：「暫且稍安勿躁，讓我們先來，考慮其中可能遭遇的困難吧！」

此時，有一位素來沉默寡言，卻以出眾的才能、業績，及不屈不撓的個性深受同事們歡迎及尊敬的人，以斷然的口吻開口說話了。

「你為何總強調障礙。困難？並以它來代替成功的可能性呢？」他如此問道。

「因為……」一言居士回答，「凡事都應該做最壞的打算，並應考慮現實的問題。而在這項計畫中存有若干障礙的確是事實；請問你要以如何的態度面對這些障礙呢？」

那人毫不猶豫地回答說：「你是說，要以何種態度去應對這些難題嗎？不用說，當然是要把它們徹底加以去除，並讓它們從現實中消失。」

一言居上反駁道：「這件事恐怕是知易行難！不像你說

的那麼輕鬆簡單！你剛才說要將它們消除，忘掉，是不是你有什麼特別的方法？我想，除了你之外，我們足沒有這種能耐的。」那人從容不迫地接著回答這個問題，臉上還不時浮現出微笑。

「我可以這樣告訴你 —— 我從來沒有看過以充分的信念和勇氣努力去克服障礙，而尚有克服不了的。如果你真的想知道該如何做才能辦到，我現在就可以展示給你看……」他這麼表示。

然後，他從口袋中取出皮夾，在透明夾層中，夾有一張上頭寫著字的卡片。他把皮夾推向位十另一端的桌緣，並對一言居士說道：「請你讀一讀它吧！那就是我的方法，是我從生活中的親身體驗所得。」

一言居士拿出皮夾，以疑惑而好奇的神情默讀著。

「請大聲地讀出來吧！」那人說道。

一言居士以半信半疑的聲音慢慢讀出如下：

「虔誠的信仰給了我無比的力量，凡事都能做。」

那個人把皮夾收回，放入口袋中，同時表示，「我經歷了很長的時間，也遭遇過相當多的困難，那句話的的確確具有實際上的力量。運用了它，任何障礙都能消除。」他帶著肯定的口吻說道。

在場的每一個人都明白了他的意思，而他的積極態度，

以及他那勇於克服困難而備受矚目的事實，使得大家對他所說的話深信不疑。

於是再也沒有人說消極的話了。後來，這句話也在他們身上發生了作用。他們將這句話納人心中，並付諸實行。儘管現實中存有尤數的困難和危險，但是他們依然成功地完成了預期的目標。

大體而言，這人所使用的方法乃是依據「不要懼怕障礙」這項真理。因此，面對障礙時所要做的第一件事便是，站起來反抗它！不要因它而抱怨，更不要被它所壓制。一旦你直接面對困難，克服障礙。你將發現，原來它不過只有你一半的力量而已！

突破常規思維，爭取主動

成大事者常常能突破人們的思維常規，反常用計，在「奇」字上下功夫，拿出出奇的經營招數，贏得出奇的效果。

亨利·蘭德（Henry Rand）平日非常喜歡為女兒拍照，而每一次女兒都想立刻看到父親為她拍攝的照片。於是有一次他就告訴女兒，照片必須全部拍完，等底片捲回，從照相機裡拿下來後，再送到暗房用特殊的藥品顯影。而且，副片完成之後，還要照射強光使之映在別的相紙上面，同時必須再經過藥品處理，一張照片才告完成，他向女兒做說明的同

時，內心卻問自己說：「等等，難道沒有可能製造出『同時顯影』的照相機嗎？」對攝影稍有常識的人，聽了他的想法後都異口同聲地說：「哪有可能。」並列舉一打以上的理由說：「簡直是異想天開。」但他卻沒有因受此批評而退縮，於是他告訴女兒的話就成為一種契機。最後，他終於不畏艱難地完成了「拍立得相機」。這種相機的作用完全依照女兒的希望，因而，蘭德企業就此誕生了。

「拍立得」相機正式投產後，發明者如何宣傳和推銷這種新式相機呢？經過慎重考慮，蘭德請來了當時美國頗有名望的推銷專家 —— 霍拉·布茨。布茨一見「拍立得」頓生好感，欣然受命擔任專職負責營銷的經理。

邁阿密海濱是美國的旅遊勝地，每年來此度假的旅客成千上萬。精明的布茨認為這裡是理想的推銷場所，他僱用了一些泳技高超、線條優美的妙齡女郎，在海濱浴場游泳時假裝不慎落水，然後再由特意安排的救生員將其救起，驚心動魄的場面引來了許多圍觀的遊客，這時，「拍立得」相機立刻大顯身手，眨眼功夫，一張張記錄當時精采場面的搶拍照片展現在人們面前，令見者驚訝不已，推銷員便趁機推銷這種相機，就這樣「拍立得」相機迅速由邁阿密走向全國，成了市場的熱門商品，暢銷不衰。公司因此生意興隆，名聲大振。

第二章　做事要先學會做人

對於一個成功者來說，透過不斷發明創造，改進技術和開發新產品等方法來競爭主動權。想別人所沒想，做別人所未做的事。「奇」的行動是別人未料到的行動，「奇」的計謀是別人還未意識到的計謀。

機會眷顧有準備的人

有人坐等機會，希望好運氣從天而降。成功者積極準備，一旦機會降臨，便能牢牢地掌握。

一位探險家在森林中看見一位老農正坐在樹樁上抽菸斗，於是他上前打招呼說；「您好，您在這裡做什麼呢？」

這位老農回答；「有一次我正要砍樹，但就在這時風雨大作，颳倒了許多參天大樹，這省了我不少力氣。」

「您真幸運。」

「您說對了，還有一次，暴風雨中的閃電把我準備要焚燒的乾草給點燃了。」

「真是奇蹟！現在您準備做什麼？」

「我正等待發生一場地震把馬鈴薯從地裡翻出來。」

如果你失業，不要希望差事會自動上門，不要期待政府。工會打電話請你去上班，或期待把你解聘的公司會請你吃回頭草，天下沒有這麼好的事情。

有位年輕人，想發財想得發瘋。一天，他聽說附近深山

裡有位白髮老人，若有緣與他相見，則有求必應，肯定不會空手而歸。

於是，那年輕人便連夜收拾行李，趕上山去。

他在那裡苦等了5天，終於見到了那個傳說中的老人，他向老者求賜給他。

老人便告訴他說：「每天清晨，太陽未東昇時，你到海邊的沙灘上尋找一粒『心願石』。其他石頭是冷的，而那顆『心願石』卻與眾不同，握在手裡，你會感到很溫暖而且會發光。一旦你尋到那顆『心願石』後，你所祈願的東西就可以實現了！」

每天清晨，那年輕人便在海灘上檢視石頭，發覺不溫暖又不發光的，他便丟下海去。日復一日，月復一月，那年輕人在沙灘上尋找了大半年，卻始終也沒找到溫暖發光的「心願石」。

有一天，他如往常一樣，在沙灘開始撿石頭。一發覺不是「心願石」，他便丟下海去。一粒、二粒、三粒……

突然，「哇……」

年輕人大哭起來，因為他突然意識到：剛才他習慣性地扔出去的那塊石頭是「溫暖」的——

當機會到來時，如果你麻木不仁就會和它失之交臂。

一位老教授退休後，拜訪偏遠山區的學校，傳授教學與

第二章　做事要先學會做人

當地老師分享。由於老教授的愛心及和藹可親，使得他到處受到老師及學生的歡迎。

有次當他結束在山區某學校的拜訪行程，而欲趕赴他處時，許多學生依依不捨，老教授也不免為之所動。當下答應學生，下次再來時，只要他們能將自己的課桌椅收拾整潔，老教授將送給該名學生一份神祕禮物。

在老教授離去後，每到星期三早上，所有學生一定將自己的桌面收拾乾淨，因為星期三是每個月教授例行會前來拜訪的日子，只是不確定教授會在哪一個星期三來到。

其中有一個學生想法和其他同學不一樣，他一心想得到教授的禮物留作紀念，生怕教授會臨時在星期二以外的日子突然帶著神祕禮物來到，於是他每天早上都將自己的桌椅收拾整齊。

但往往上午收拾妥善的桌面，到了下午又是一片凌亂，這個學生又擔心教授會在下午來到，於是在下午又收拾了一次。想想又覺得不安，如果教授在一個小時後出現在教室，仍會看到他的桌面凌亂不堪，便決定每個小時收拾一次。

到最後，他想到，若是教授隨時會到來，仍有可能看到他的桌面不整潔，終於小學生想清楚了，他必須時刻保持自己桌面的整潔，隨時歡迎教授的光臨。

老教授雖然尚未帶著神祕禮物出現，但這個小學生已經

得到了另一份奇特的禮物。

被動等待或守株待兔，根本是浪費時間、錯失良機的舉動，而這亦無異於把自己的命運交付給未可知的外力來決定。

有許多人終其一生，都在等待一個足以令他成功的機會。而事實上，機會無所不在，重要的在於，當機會出現時，你是否已準備好了。

如故事中小學生給我們的啟示，自己準備妥善，得以迎接機會的到來，是可以循序漸進而學習的。

在過去的歲月中，或許我們一直在等待成功的機會，而耗去了過多的時光，卻等不到機會的出現，從今天起，在等候的同時，我們可以開始做好準備，讓自己保持在最佳狀態，以便機會出現時，你可以緊緊抓住，不讓它溜過。

不能克服缺點的人抓不住機會

花有百般紅，人與人不同。沒有人是完人，認清自己弱點，你才有希望。

每個人都有弱點，既有實際上能力方面的不足，也有性格感情上的脆弱之處。弱點打擊我們，讓我們脆弱，失去安全感，帶來挫折、沮喪，並在人生途中把我們擊倒。這些弱點，往往不是致命的病態，但它發作時，卻讓我們自身衰

弱，從而讓乘虛而來的外來危機變成致命打擊。可怕的是，我們並不知道這些弱點何時發作，因為它潛伏著。可當你發現一個機會，正欣喜若狂時，它會突然暴露，給你重重一擊，然後你便只能在痛苦無助中眼看著機會消失。

世上沒有完人，每個人多少都有自己的弱點。對於弱點，絕大多數人沒有全力以赴去克服它，總是避免它。「尺有所短，寸有所長」，揚長避短本是沒錯。但有些弱點有如定時炸彈，所謂的厄運，就是由於我們拒絕承認自己的這些弱點所付出的代價。「你愈是想避免的，就愈是避免不了」，這是一則相當有力的心理學定理。不論你採取什麼規避的方法，換工作或離婚、與某人斷絕往來，你的弱點怎麼也甩不開。

我們可以在生活中遇到許多身體健康、頭腦靈活、事業有成的人，由於受制於弱點，使他們的精力和創造力無法獲得充分的發揮。拒絕去面對自己的弱點，就像是踩剎車，卻又要車子前進一樣。

成功學的大師拿破崙·希爾博士經過潛心研究，將弱點作了五大分類：

一是對自我形象的懷疑。

這類人對自己的形像極不滿意，表現為對自己身體條件的苛刻要求，他們不能夠在心中為自己認同一個合適的自我

形象。由於懷疑自我形象而喪失機會的例子也是存在的：

以前有個學生，成績相當優秀。可惜就是臉上有一塊胎記，這件事讓他非常自卑。後來，全市有名的重點中學給了這所學校兩個報考名額。本來理所當然應該有他一個的。可他看見通知書上要求「五官端正」，便不敢去報考。有同學去勸他時，他居然大吼：「你想讓我去那中學現醜嗎？那裡全是些頂尖人物呀！」同學只好閉口，結果別人去考，則幸運地考取了。

後來他很後悔。他上的中學升學率不超過 10%，教學水準很差。但機會一去不回，過於貶低、懷疑自己的形象也是要吃苦的。

二是莫明的擔憂。

這類人對自己缺乏信心，老是害怕自己一不小心，就暴露自己的弱點，從而招來傷害。因為不願去積極的解除弱點，自願被弱點束縛起來。這種人生活沒樂趣，他們神經永遠緊崩，處處害怕流露出自己的弱點讓人恥笑，做起什麼事來也束手束腳，就算看見機會也不敢利用，因為害怕在機會附帶的困難中暴露自己的不足。

三是無法忍受別人的批評。

這類人為了避免遭到別人的指責，老是想討好人。努力塑造一個完美的自己，他們是活給別人看的，內心非常苦

悶，總覺得別人不了解自己。

有一個法律系的學生，勤奮好學，積極向上，又是系上的幹部，又是學生會長，同時又是許多社團的重要成員。每天就見他忙東忙西的，認識他的人都說他很優秀。但他私下與朋友閒聊時卻說很痛苦，覺得活得很累。

他曾喜歡一個同班女生，那女生也對他有點感覺。但寢室裡兄弟吹牛時，有一個室友宣稱喜歡那女生，其他室友都一擁而上，為那個室友出謀劃策，打氣加油。他只有在旁邊微笑，心裡別提多苦了。他不是那種能說出內心話與人競爭的個性，形象第一，完美萬歲！結果當然是他最不願看到的情形：那兩人交往了。

「想想我是為什麼活的？機會也沒把握住。那女生明明對我有意思。」他是一個好學生，從沒有一點缺點讓人抓住。但他過的生活讓人望之卻步，失去的東西太多了。

四是過分緊張與忙碌。

這類人老是無法放鬆自己，手頭無論有多少事，總試圖一下子解決問題。問題不解決，他們睡不著覺。實際上，從任何角度講，一個壓力過大的人是難以維持客觀態度，從而看清機會或找到問題解決方法的。因為他過於專注自己的壓力，感到不堪重負，各種事情都展不開手腳。總覺得時間不夠，要求太多等等，結果又陷入消極心態。

消極心態必然導致挫折。歷年升學考試中都有原來成績很不錯的學生由於壓力太重而失常的事。如果他們能正確承擔應該而必要的責任，把無謂的責任拋開，就不會出現失常行為了。

五是期望過得更快活。

這類人總不能享受現在，總是認為有比此刻更完美的生活。他們期盼著奇蹟來突然推動自己的生活。這種人就好比前面所說的不懂得眼前的珍貴，只會看遠方風景的那類人，不扎扎實實地以現在為基點出發，成功與機會永遠不會光顧他們。

除了行為與心理上的弱點外，性格弱點也極其可怕，而且對人能不能抓住機會影響很大。

個性對於能不能抓住成功契機是很重要的。反過來說，性格上的缺點會影響一個人抓住機會的機率。

性格不是天生的，而是學來的。你不可能聽見誰評論一個新生兒的性格。所以無論是優良性格還是缺陷性格都是後天形成的。

大凡性格優良者一般都會成功。這裡所說的性格優良者並不是指單純的善良溫和，而是指性格中充滿積極光明的一面。他們不會被動地等待事情發生或機會出現，他們主動尋找機會；他們不浪費時間，甚至創造機會，做出成功之舉。

第二章　做事要先學會做人

但性格上有缺點者人生或許恰恰相反。識惡才能避惡，下面舉出 8 種具體的性格惡症，他們是性格的最大敵人。關鍵是它們像螃蟹一般橫行，常會在你人生路上攔腰殺出，破壞你的種種機會。所以你要認清並消滅它們。

第一，善於欺騙自己的性格：一個善於欺騙自己的人不能誠實地和其他人合作成功，欺騙自己無疑也會欺騙他人。這樣一來，從其他人處得到機會，獲幫助的就近乎不可能了。

欺騙自己的人總是沉醉在幻覺中。可怕的是他們以幻覺來代替生活，而又振振有辭地為自己辯護。幻覺很容易與夢想混淆，必須有效地區別它們。幻覺所依賴的必然是跳出關鍵環節的偷懶作風，它不切實際。自欺的人的心態常常是自信過剩。你想，一個滿口胡話又自傲自大的人，會有人想與他合作，給他機會嗎？

第二，不求付出只講收穫的懶人性格。有很多人，老是希望不做任何努力就有成功機會出現。他們常會抱怨世道不公，「唉，我父母怎麼就沒錢呢，」「如果撿到 100 萬的話」，種種不負責任的想法是他們精神的麻醉劑。與這些甘美的麻醉劑比起來，伴隨著不可知性與種種困難的機會就顯得太過苦澀了。

第三，具有無恥性格的人。沒有羞恥的人主要表現在追

求感官享受上。莫德林教堂前曾有個極端分子宣稱：如果亞當與夏娃不吃善惡果就好了，讓人有了羞恥心，人類的生活顯得不自然與壓抑了。後來據調查，此人的日常行為表現出他是一個真正的無恥之徒。

無恥的人絕對沒有良心。他們總是問：「你給我多少好處？」看見這種人，機會當然都會躲得遠遠的。無恥的人總想拿自己的一分價值去換得百分的收穫。他們希望命運女神向他們獻媚，但這種不正常性格反而讓他們面對機會計較太多，既想少付出，又想多獲得，機會可不會等他們。

第四，極端冷酷的性格。性格冷酷到一定程度就會喪失人性。而一旦喪失人性就會成為可怕的偏執狂。阿道夫‧希特勒便是其中的代表。本來他的政治才能、軍事指揮力相當不錯，但當德軍節節獲勝時，他的性格發生了扭曲。自認德意志民族是優秀民族的他下令消滅猶太人為首的其他所謂劣等民族。而實際上當時正確的策略與政略應該是撫慰民眾，培植親德力量，一味地屠殺只是土匪強盜的行為，跟一個想統治世界的人的心胸策略相差太遠。極端冷酷，喪失人性的希特勒也喪失了至少統一歐洲的機會。

第五，不講原則，只求方便的性格弱點。這種人同樣會無親無友，是沒有原則立場的牆頭草，就算風光一時，也不會長久。孔子在 2,600 多年前便已說過「人無信不立」。沒

第二章　做事要先學會做人

有原則，朝令夕改的人不會有人給你機會。在周圍懷疑的目光下，這種人還想抓住機會一步登天無疑是痴人說夢。

第六，無視道德的個性。個性必須建立在道德基礎上。道德情感對於成功的個性具有不可替代的重要性。如果忽略或根本無視道德基礎，勢必造成一個自私自利的零散社會。人人為己的社會就會散架。大廈將傾的話，身為社會的個體又豈會倖免。這時候更談不上機會不機會的事了。

第七，厭惡奉獻。這種惡性與坐享其成是交相輝映的。但厭惡奉獻更勝一籌，它表明任何利他行為都是不可能的。厭惡奉獻者同樣有一顆冷酷的心。但他忘記了社會是一個環狀或網狀的系統，要想良好循環，必須相互交流才行。厭惡奉獻的人很難從別人處得到奉獻與機會。個人如果厭惡奉獻，是無力完備一個成功個性的，生活也不會給他以任何回報。

有這樣一位同學，他是個絕對的完美主義者，做什麼都力求最好。但這種完美不會有一絲一毫的外流，他從來不幫任何人的忙，哪怕舉手之勞，當然他也從來都不有求於人。他就好像是一個完全自給自足的人。漸漸地，大家都淡忘了他。有一次，他請假去看病。正在他不在的那段時間裡，一年難得見兩次的班導跑來宣布學校要選拔出國留學的代表，然後把具體工作交待給班代就走了。他回來後，也沒有人對

他說。倒不是大家故意敵視他，而是根本沒人有想告訴他的念頭。當報名完了，選拔賽的通知貼出來後他才知道，心裡感到很不平衡，甚至把父母都叫到學校來理論。但一切都晚了，這種機會因為他的厭惡奉獻、自私自利的性格而毀了。

第八，貪得無厭的性格。貪婪有時會成為一種動力，但大多時候卻會因為這種動力帶有強大的負面因素而失控。一顆貪婪的心通常也是一顆扭曲的心，不能客觀地觀察分析事物，當機會來到時，這種人不是過於專注於機會中的利益，看不到困難就是想獨占機會，排擠他人。最終結果都是喪失機會。

以上 8 種性格與個性上的缺點並不是代表 8 種人。這些負面的東西往往是相通的，就好比坐享其成的人必然會厭惡奉獻，多少也會有點貪婪。而過於貪得無厭的人往往無視道德、對他人非常冷酷。所以一個人想要能冷靜地觀察事物，抓住機會就要避免跌入這 8 種性格陷阱中的任何一個，否則會越陷越深。

弱點是可怕的，是客觀存在的。自信自滿的人忽略它，自卑自憐的人誇大它。但大部分弱點卻是後天形成的，為什麼不能在後天克服它們呢？就算是先天上的弱點，也不是不能克服。實際上如果處理得當，你不但能消除弱點帶來的負面影響，甚至還能利用弱點得利成長。

第二章　做事要先學會做人

　　當然，在克服個人弱點的過程當中，總是有苦有樂。苦的是，你的弱點可能不會就此完全消失。比如一個對失敗感到不安定，對別人的憤怒抱著恐懼的人，不可能奇蹟似地一夜之間去除他的恐懼感。人從壓力下解脫出來之後，會有一種「再回去」的自然傾向。在你焦躁、忙碌。疲乏無力之時。那些你認為已經消失的壞習慣，可能會乘勢而來。

　　相反的，樂的是你可以藉著發現、掌握你的弱點，使自己不再那麼自動地打擊自己，讓自己比較容易克服弱點。實際上，自己的心理狀態對克服弱點有關鍵作用。

　　比如一個人長得很胖，加上心理因素，一見人就搶先說「哈，真沒辦法，又長胖了，找不到老婆了」。這種自我打擊，自我解嘲的話一說出來。就算別人無意關注你有多胖也會被迫想到這方面上去。然後呢，也許雙方會陷入尷尬的處境。對方只有乾澀地笑幾聲：「哪裡，哪裡，心寬體胖嘛！」或「你很福態嘛！」總之，久而久之，對方可能對你敬而遠之。

　　這樣，這個胖子不但先天弱點大暴露，而且由於自己的自卑情緒導致人際關係不佳。他的問題不在於自己有多胖，而在於對自己多胖的態度。執念於自己弱點上的人，往往看不見自己的其他優點，容易有挫折感，容易沮喪，一碰見什麼事自然而然地想到弱點，然後退縮。這樣的狀況下是不可

能抓住什麼機會的。

當然，不執念於自己的弱點，並不代表忽視它。你的弱點是一個重要的預警訊號，提早警告你必須對你自己、你的工作、你的人際關係中的某些事情加以注意。當你面對自己的弱點時，你不會再感到氣憤、不會再有挫折感；相反的，你能夠問自己：「我能從這種情況中學到什麼？」「我如何才能把這種明顯的弱點，轉化成另一種力量，使我更明智、更有愛心，更幸福。」

一般來說，成長的路線並不是直線進行的，它會以螺旋狀的方式逐漸上升。也就是說，我們總是有進有退。但只要找到並克服退步的原因，就總能讓進比退更多。每次當你的弱點凸現之時，或是你成長路線岔開的時候，不要因此而沮喪，這時候你最需要的是信任自己，不要苛責自己，你要在歷經考驗中讓自己克服弱點，全面成長。

為了擺脫弱點，你可能要拋棄很多東西。過去，你可能會自憐自哀，你給自己施加壓力，讓自己成為某個和你完全不同的人；你把怕別人無法接受的部分隱藏起來；你擔心別人對你有什麼看法 —— 這些，你必須全部拋棄。一個背負著這麼多負擔的人不可能冷靜客觀地去洞察機會，抓住機會。他幾乎所有的心力都放在與自己的弱點對抗。他必須原諒自己的弱點，也要用同樣的態度去體諒別人。同時，你要學會接受自

第二章　做事要先學會做人

己身上讓自己最感無法忍受的部分。你要成長到能夠看清實際中的你，不要一味地理想中的你拿來壓迫實際中的你。

　　你可能會說：管這麼多幹嘛？這輩子不完全發揮潛力也無所謂，如果你有勇氣承認自己的弱點，並用客觀平常的心來對待，你就會突破弱點的負作用。是要不要克服全在你自己。但目前與未來，你的人際關係，你的活力，你的機遇，恐怕會遭到弱點的扼殺。要默默承受弱點？還是自我完善？你自己決定，但克服弱點，絕對會為你帶來順心而長久的人生，會助你更好地抓住機會，毋容置疑。

　　建立創造機會的態度要做一名思緒敏捷，能抓住有利環境為自己創造機會的人，必須培養以下性格特質：

❖ **積極進取**：做事採取主動，走在別人的前頭；凡事多出一分力，多走一步；令事情發生，而不是等待事情發生；嘗試一切方法，去把工作做到最妥善。

❖ **樂觀**：多往好處想，懂得激勵自己；不被困難嚇倒，反而在困難、挫折中尋找機會，化弱點為優點；深信艱辛日子終會度過，前途將會更璨燦。

❖ **成就感**：確立事業方向，制訂目標，然後全力以赴，力求達到目標，爭取成功。這是一種「我做得到」的自豪感。

❖ **自信**：相信自己只要努力，便能夠應付困難，完成任務；相信只要自己肯努力，環境就會改善，對自己有利。

❖ **態度開放**；不隨便或胡亂排斥新思想、新作風，相反，能夠廣泛吸收新知識，容忍不同意見、風格，吸取對自己有用的東西。

❖ **創新**：有目標地求變，求新；承認自己有不足的地方，勇於改善；並不胡亂排斥新東西，且勇於嘗試新方法。改變方向，尋求更有效的做事方法。

❖ **冒險**：在努力、探索階段，能夠忍受種種不確定的因素，經過周密的形勢分析，自信對自己有利的條件即將出現，於是不管路上有多大障礙也勇往直前。

❖ **觸覺敏銳**：善於辨察事物的細微變化，警覺力強，對各種訊號，徵兆敏感；隨時預備接收不同訊號，並能立即予以歸類分析。

❖ **積極等待**：付出了必須付出的努力之後，耐心地注視事態發展。在等待期間，內心盤算下一個步驟。

困難面前更要果斷行動

我們常常不自覺地將不介意和漠不關心混為一談。事實上，這兩者是全然不同的。漠不關心指的是冷漠：「我一點也不在乎。它跟我無關。」相反的，不介意卻意味著：「我會盡一切可能，我會抱著希望，我會努力並集中精神，我會盡全力去追求成功。但是，如果我沒有成功，也無所謂。」

第二章　做事要先學會做人

太計較後果，太介意，耗損許多精力，不只是努力期間如此，在奮鬥後如果你失敗了，或失望了，或處理不當，通常也是如此。

但是，不介意創造了心情上的自在。它意味著緊緊抓住，卻輕輕放開。它暗示著，全力以赴，真正在乎，但同時也願意完全不計較後果。

介意創造出恐懼，擋住了你的去路：萬一我輸了怎麼辦？萬一這筆交易沒有達成怎麼辦？萬一我被拒絕了？萬——……你認為一切都必須按照你想要的方式發展，沒有任何變通的想法，將給你造成莫大的壓力。

從另一方面說來，不介意卻像魔術一樣奏效。它容許你在努力中得到樂趣，享受過程。它給了你所需要的信心，幫助你做到了你所做的任何事。它將壓力拿掉，不論結果如何，你都贏了。無憂無慮的舉動幫助你把焦點放在目的上，它幫助你不要擋住自己的路。你的內心很清楚，即使結果與期望不合，也無所謂。你不會有事，你會學到經驗，下次你將會做得更好。這種接納態度幫助你在你的道路上走向下一步。你不但不會因為失望或懊悔而感到失落或動彈不得，反而可以信心十足、充滿樂趣地向前走。

老早就想做一些事情，可就是盤桓許久，遲遲下不了決心去做。

別再猶豫了，如果想做的事情是符合法律和道德規範的，既不會傷害別人，自己又不會有什麼損失，何必顧慮那麼多呢？

你說，這麼做太鹵莽了，所以不敢輕易嘗試。不會吧？誰人沒有童心、誰人沒有雅量？在你看來太過突冗的事，別人可能也很想做，只是沒勇氣嘗試而已，現在你狠狠地做了，他們還可能為你鼓掌喝彩呢！再說，既然未對他造成任何不便，對方怎麼會容不下？想不想坐熱氣球上天空玩玩？騎著越野車橫過無垠的沙漠？到夢想已久的歐洲來趟藝術之旅？你很想，真的很想，簡直想瘋了。

可是理智總是告訴我們。為了這個想了好久卻不敢實現的夢想花這麼多錢太划不來了。誰說的！為什麼不借點錢痛快地玩一趟？說不定當你在償還貸款時，這些美好的回憶會讓你覺得花這些時間、金錢是值得的。

也許吧！身邊的人不喜歡你依自己的想法去做，而讓你想試卻不敢動手。那又怎麼樣呢？你是該為別人著想，可是不也該為自己多活一些嗎？

每個人都有許許多多的夢想，實現夢想的企圖心也很強；可就是一直都在原地踏步。深入了解之後才發現，她們和配偶、朋友總是不停地規劃：下個月要去哪裡、明年要做什麼，但就是停留在計畫階段而已，一年、二年過去了，也

不曉得要到何時才會實現。

　　請別讓自己變成那樣，現在就放膽去做！

做事前要先學會做人

　　一個人的一生是否成功，其重要因素就在於你是否有自尊自重的觀念，一個人一旦失去了自尊自重，那麼他就不會贏得他人的尊重，同時也會失去事業上的任何成就。

　　一個人只有對自己充分了解，才有希望步入成功的殿堂，所謂對自己充分了解，就是對自己的品格、個性、好惡、能力都知道得非常清楚。有些人看到別人在事業上或者學業上，或者家庭上，或者交際上獲得了成功，就喜歡評價別人所做的事，對別人所做的事指指點點，說三道四。與此同時，他們還嫉妒別人有所成就，在暗地裡窺視別人的一舉一動，然後去模仿別人，照別人的方式方法去做事。結果總是難逃失敗的命運，其原因就在於他們缺乏剖析自己、改善自己的能力，缺乏成功所需的一切因素。如果一個人能做到真心誠意地做事，在工作中力爭上游，努力改正自己的缺點和錯誤，發揮自己的優勢，那麼機遇一定會找到他，並帶他走上成功之路。

　　如果一個人用不正當的方法和手段獲得所謂的成功，那麼他的成功不會停留太久，因為他的成功不會比透過艱苦努

力而獲得的真正成功更讓人滿意。如果一個人的事業與成功
讓他周圍的人苦不堪言，沒有人為他祝賀成功，沒有人與他
分享成功的喜悅，那麼即使成功了他也不會感到任何快樂和
歡欣，反而會感覺身體和精神上承受了巨大的痛苦和壓力，
令他感到所付出的代價太沉重了。

如果一個人喜歡裝腔作勢，帶著面具做人，那麼當他的
面具最終被揭開時，他原來的春風得意、耀武揚威、神氣十
足就不知跑到哪裡去了，隨之而來的就是羞愧難當、無地自
容，無顏再立足於社會了。

實事求是是一個人信譽、勇氣和才能得以發揮的可靠基
礎，無論你從事高尚的事業還是平凡的事業，無論你的職位
重要還是普通，都要堅持這種做法，只有這樣，你成功的籌
碼才會更多。

真正的成功是指一個人的人品、學識、才能上升到對社
會、對人類進步有益的高度，並非一定要建立什麼豐功偉
績，或者一定要擁有巨額財富，或者一定要使自己的威名風
靡世界、譽滿全球，或者一定要做出驚天動地的偉業來。

世界上的每個人都應該銘記：成功既非黃金堆砌而成，
也非震動世界的威名堆砌而成，而是順應自然的趨勢，恪守
自己的職責和本分。那些不守本分、褻瀆職責、爭名逐利的
人必定會遠離成功的大路，最終走入失敗的深淵。

第二章　做事要先學會做人

第三章
創大業須先做小事

第三章　創大業須先做小事

確立專一的目標

「當你正為你的孩子該讀哪本書而苦惱的時候，也許別的孩子已讀完了兩本書。」塞繆爾·詹森（Samuel Johnson）博士說。

法國聖女貞德（Jeanne la Pucelle）具有果斷堅定的個性，當她發現有該解決的問題時，就馬上想辦法解決，而不是把問題拖延，或者猶猶豫豫不作決定，做就是做，不做就是不做，雷厲風行，從不拖泥帶水。在法國王位繼承發生混亂時，貞德果斷做出決定 —— 推薦查理七世為合法王位繼承人，隨後她又堅定地透過戰爭擊敗了英國人，最終成功地把查理七世推上了王位。

哥倫布能夠取得成功的原因主要有二個：一個是他有著清晰的奮鬥目標；二是有為著這個奮鬥目標而勇往直前、排除萬難的決心。哥倫布正是由於有著明確的目標和堅強的決心，才取得了令世人矚目的成就。

可社會中，卻偏偏有許許多多生活沒目標的年輕人，他們一天天無所事事、東竄西逛、隨波逐流，他們從沒有明確的奮鬥目標，也缺乏勇往直前的決心。他們只不過是寄生在父母、社會上的寄生蟲。生活中只有確定了明確的奮鬥目標，我們的才能才有了發揮的機會和場所。猶如一箱各種各樣的工具，如不把它們用到能用到它們的地方，那這些工具

就沒有機會發揮它們各自的作用。另外，假如生命中沒有一個為之可以奮鬥的目標，那人生就會失去許多光彩，個人的價值和幸福感，也就無從談起。

生活中還有另一種現象需要引起注意，那就是在沒有任何目標之前，不要貿然出擊，這樣做的後果就如同沒確定雕像輪廓之前，就拿起工具在大理石上隨便地雕刻幾下，這樣很有可能會破壞整個雕像。不要以為漫無目的、隨心所欲地工作終有一天會完成些什麼，因為一堆殘缺不全的無用東西，遠不如當初完整無缺的原料更有利用價值。

如果一個人生活沒有前進的方向或迷失了方向，再貿然行事，那麼他成就一番大事業的可能性就相當低，或者說根本沒機會。他生命的航船不可能揚帆遠航，沒有人相信他能有所作為，能成就偉業，他真的猶如一艘失去航標的小舟，東航一下，西航一下，有可能還會被海風吹回海岸，擱淺在沙灘；還有可能在原地打轉；更可怕的是，有可能觸上暗礁，碰個頭破血流乃至粉身碎骨。

即使最有天分的天才，也容易被思前想後、顧慮重重、前怕狼後怕虎的生活態度所毀掉。在英國殖民者肆虐猖狂的重壓下，美國殖民地要想獲得得獨立真的是困難重重，但最最重要的是美國那些開國元勛們在關鍵時刻表現出來的信心和決心，《獨立宣言》由此誕生，從而美國人才有了今天的自由。

第三章　創大業須先做小事

　　有許許多多難以計數的船隻擱淺在岩石或暗礁上，這些船雖然大多裝備良好，但就是無法再揚帆遠航。生活中某些人的生命之船也擱淺在形形色色的暗礁上，它們之所以擱淺有著許多自身的原因：或者他們無力航出某個漩渦；或者受意想不到的暗流所帶，進入湍急水流中而無法航出；或者根本就為水所困而無能為力。

　　缺乏果斷堅定個性的人就像一輪受風控制的風車，隨風向的改變而改變。在外界各種各樣、形形色色的誘惑及輿論的重壓下，意志薄弱之人往往無法說出「不」，也不敢說「不」，一個人具有堅韌、果斷的非凡意志力是一件非常值得慶幸的事，所有的清閒和安逸他都不放在眼裡；所有的反對和挾擊也無法動搖他堅韌的心。他體內湧動著不可抑制的去行動的力量，他深信自己有能力辦成任何自己想辦的事。一切形式的「如果」或「但是」在他面前都不足慮，他有的只是滿腔行動的熱情和深信不疑的決心。他也知道前進的路充滿荊棘和陷阱，稍不留神就會被刺得遍體鱗傷，但他不畏懼，他勇於去做，而且一旦條件成熟，他會馬上行動起來。他更不會為歡笑和柔情所阻擋，也不會被輕蔑和嘲笑所嚇退。

　　威廉·皮特在果敢、堅定、目標專一方面可以說是個傑出代表。從小他就在父親的教導下立志將來一定做個有影響力的政治家。從此，他就在這個目標的引導下，腳踏實地、

鍥而不捨地朝一個個目標前進。他從不分心去留意與目標無關的事物，也從不與那些遊手好閒、無所事事的紈絝子弟為伍。他腦中只響著一個聲音 —— 做一個對國家、對人民有影響的政治家，年僅 22 歲，他就成了國會中的一員；23 歲，就眾望所歸當上了財政大臣；25 歲，又登上了英國首相的寶座。

我們從這位傑出的政治家身上，可看到一種驚人的力量，他為了一生中最大的抱負，也是唯一的抱負 —— 當一名有影響力的政治家，而傾注了全部的精力、才能和堅韌的意志力，拋棄了外界有礙這一目標實現的所有慾望和誘惑。

實際上，皮特早期就接受了朝著一個確定方向的專項訓練，這項訓練有著巨大的實用價值。皮特大學畢業後，就毅然朝著自己的偉大抱負堅定前進，而沒有像別人在確定自己該從事何種職業而猶豫不決。

還是他的對手對他的評價比較直接：「這個人始終在翱翔，既不冒進，也不退縮。」

威廉·馬修斯博士說：「絕大多數人在制定計畫時都有個通病，那就是計畫過於寬泛，這就使很多人本來完全可以在某一職位或某一項領域作出一番成績的，最終卻平庸一生。這些人雖然制訂了計畫，但實際上他們並不清楚他們到底要做什麼，或自己能夠在哪些領域有所作為。」

第三章　創大業須先做小事

　　如果一個人做事之前習慣於把所有可能發生的事考慮得面面俱到，再假如這個人不果敢、意志力薄弱，那麼這個人不論他有多好的天分和才能，最終也將碌碌無為。因為習慣於把問題考慮得周全細密的人，做起事來也一定會拖泥帶水、猶猶豫豫，再加上缺乏果斷的決斷力，必然導致他處理問題時，既捨不得這一面，也捨不得那一面，但是兩面確實又不可能兼得，只能捨一面留一面，這樣下去必然錯過處理問題的最佳時機，即使他及時地做出了決斷，但如做不到毅然、堅定不移、毫不猶豫地朝目標前進，他仍然距離成功有一步之遙，這就注定了他的失敗。

成功在於精通一件事情

　　在倫敦，一個在許多領域工作過且表現平平的人寫下過這樣的話：我搬運過貨物，記錄過訊息，製作過地毯，還寫過詩。這讓人想起了巴黎的科納德先生，他是一位小有名氣的作家，懂點會計業，通一點植物學，而且會炸薯條。

　　成功與失敗的最大區別在於一個人做了多少有意義的工作，而不在於他做了多少工作。在失敗者當中，有許多人所付出的努力本來足以取得卓越的成就，但是，他們的含辛茹苦就像邊建設邊破壞一樣，最後仍然是支離破碎，成功無望。他們沒有適應環境，沒有把小的失敗轉化為大的成功契

機，沒有把自己的工作成果轉化為潛在的機會。他的能力可謂足夠，時間可謂充足，這些都是成功的經緯線條，但是，他們用力推來移去的卻是個空無一物的紡織機，沒有一條絲線真正地掛在生活之網上。

　　如果你問一個人，他的生活目標和理想是什麼，他可能會回答說：「我至今仍未找到自己適合做什麼，但是，我確信成功的關鍵是勤奮，我決心一生勤勤懇懇地努力工作，我想，生活會給我回報的。」

　　我們不禁要問：難道聰明人為了發現金礦或銀礦會把整個地球翻個遍嗎？要知道，總是沒有方向地四下張望的人，到頭來只會一無所獲。如果我們沒有明確而具體的奮鬥目標，那麼我們最終獲得的也不會是明確而具體的成果。只有方向明確並全力以赴，我們才會有所收穫。落在鮮花上的昆蟲不只一種，蜜蜂只是其中之一，但是，牠是唯一從花朵上採到蜜的昆蟲。我們年輕時代累積和學習了多少知識並不十分重要，重要的是我們對自己將來的生活是否有明確的定位。如果定位不明確，那麼知識本身就不能與客觀環境進行很好的結合，在我們的事業發展的過程中，它也就不能成為有利的資本和基礎。

　　伊莉莎白‧伍德維爾（Elizabeth Woodville）曾經說：「一個人如果具有明確的目標，那麼他的生活會變得充實而具有

意義，他的聲音、表情、行動和衣著都會讓人刮目相看。在大街上，我想我一眼就能認出那些忙碌充實、自食其力的婦女。她們身上所煥發出的強烈的自尊自信的意識，不是精美的絲質女帽可以證明的，也不是破舊的駝毛大衣所能掩蓋的，甚至病弱的身體也不能奪走因此而帶來的熠熠光彩。」

湯瑪斯·卡萊爾（Thomas Carlyle）說：「即使是最弱小的生命，如果能把全部精力集中到一個目標上，也會獲得卓越的成就；而最強大的生命，如果精力分散，最後也將一敗塗地。水滴石穿的道理再清楚不過了，湍急的河流一路奔湧，卻沒有留下任何痕跡。」

一位睿智的牧師頗有感觸地說：「兒時的我總認為雷可以殺死人，但是，長大以後我才知道可以殺死人的是閃電。因此，我下定決心不要使自己成為虛張聲勢的雷，而要成為威力無比的閃電。」

如果一個人精通種蘿蔔的技術，並且花了所有的心血來精心培育最好的蘿蔔，那麼他就是「蘿蔔學」的宗師，並將得到人們的認可。因此精通一件事情的人，在這件事情上可以比其他任何人都做得出色。

被攔腰截斷的蚯蚓，前面一部分向前爬，後面一部分向後爬，許多目標游移不定的人正如蚯蚓一樣。這種見異思遷、搖擺不定的人是不會獲得成功的。

在寒冷的冬天，如果把陽光聚焦在一點，仍然可以輕而易舉地燃起一團火焰。如果把一顆子彈扔出去，它穿不透一頂帳篷，但如果把它射出去，它可以穿透橡木板，如果再給它加上足夠的力，這顆子彈便可以從 4 個人身上穿過去。因此，如果一個人集中所有的精力和心志去堅持不懈地追求一種值得追求的事業，那麼他的努力絕不可能白費。

那些全力以赴、鍥而不捨的人是最偉大的人，他們一錘又錘地敲打著同一個地方，直到實現自己的願望。在我們這個時代，那些在自己的領域無所不知，對自己的目標堅定不移，做事專心致志、精益求精的人會成為成功者。在美國的職業生活中，泛而雜是一個致命的弱點，就像道格拉斯·傑羅爾德（Douglas Jerrold）的一個朋友一樣，他可用 24 種語言進行簡單的對話，但卻不能用這 24 種語言中的一種語言表達自己的看法或觀點。

全身心追求一個目標

西德尼·史密斯（Sidney Smith）說：「讀書讀到廢寢忘食的地步，而且覺得吃飯的時間都提前了兩個小時，這種讀書的方式是最可取的。比如，拿一本李維的歷史書坐下來，就好像親耳聽到嘎嘎叫喚的鴨子拯救了首都，親眼看到隨軍小販揀起羅馬騎士們的戒指把它們放在自己的鐵盒裡。在讀書

時，你彷彿真的身臨其境，感覺自己在倫巴底的草原上饒有興趣地觀察漢尼拔（Hannibal Barca）飽經風霜的面容，或是看他的一雙眼睛放射出熠熠的光芒。這時候如果有人敲門，你在幾秒鐘後才能夠醒悟過來，自己原來是坐在書房裡。」

英國作家查爾斯‧金斯萊（Charles Kingsley）說：「我朝著自己確定的目標義無返顧地前進，就好像這個世界不存在任何更美妙的東西一樣。這也是勤奮工作者的祕密所在，當然，他們中的絕大多數人並沒有把這種精神帶到娛樂活動中去。」

狄更斯曾經說：「心志專一可以使任何一種學習取得成效，這種方法是唯一有效並經得起考驗的方法。我可以坦誠地告訴你，我自己構造的小說或進行的想像，都得自於我所養成的工作習慣。我對非常普通甚至最不起眼的事情進行全神貫注地思考，並且一天都不間斷，再將寫成後的稿子改了又改，反覆斟酌推敲。」一次，人們問狄更斯，他是怎樣取得成功的，狄更斯回答說：「我從來不對那些應該全力以赴的事情掉以輕心，這就是我成功的祕訣。」

約瑟夫‧格魯尼在給他兒子的信中寫道：「無論做什麼事情都要全身心地投入，不管是學習、工作還是遊戲。」

因此，年輕人一定要記住：做任何事情都不要三心二意，更不要見異思遷。

　　在我們的現實生活中，許多人同時涉足了太多的領域，致使精力分散，阻礙了他們的進步，使得他們一事無成，最終無法實現少年時代的夢想。事實上，他們應該採取一種更明智的做法，那就是集中心志於某一個領域，咬定青山不放鬆，最終成為該領域所向無敵的行家裡手。但是，他們的選擇卻與此相反，他們選擇了在許多領域成為三腳貓似的人物，他們四處出擊，什麼東西都有所涉獵，但又淺嘗輒止，浮光掠影，只懂得些皮毛罷了。

　　愛德華・利頓（Edward Lyttelton）是英國政治活動家、小說家，有許多人看到他整日忙忙碌碌，事無巨細無不顧及，竟然還能有時間來從事學問研究，於是都免不了奇怪地問他：「你怎麼會有那麼多時間來完成這麼多的著作呢？你究竟有什麼分身之術，可以完成這麼多工作呢？」他回答說：「我之所以能做到這一點，是因為我從來不同時做多件事情。」這個回答令問他的人大吃一驚。一個能從容自若地安排好工作的人肯定不會讓自己過於勞累，換句話說，如果他在今天疲於奔命，那麼隨之而來的必定是疲勞和睏乏，這樣他在第二天就不得不減慢工作節奏，所以結果往往是得不償失。

　　愛德華・利頓認為，他真正專心致志的學習是從離開大學校園跨入社會之後開始的。直到現在，他還覺得在生活閱歷和各種知識方面，他毫不遜色於與他同時代的絕大多數

第三章　創大業須先做小事

人。在政界和各種各樣的社會事務中，他收穫頗豐；他遊歷
了大量地方，所見甚廣；除此之外，他還在各地出版了大約
60 捲著作，其中涉及到的許多課題是需要深入研究的。那麼
在一天中，他通常拿出多少時間來研究、閱讀和寫作呢？他
可以告訴你，不到 3 個小時，而且在國會的開會期間，可能
連 3 個小時都沒有。然而就是這短短的 3 個小時，他卻能夠
全神貫注地投入到他的工作中去，用心極專，心無旁騖。

英國散文家查爾斯·蘭姆（Charles Lamb）在給朋友
的一封信中寫道：「山繆·泰勒·柯勒律治（Samuel Taylor
Coleridge）死了，據說他的一生中留下了 4 萬多篇有關形而上
學和神學的論文，但是其中卻沒有一篇完整的作品。」

柯爾律治的一生都沉溺於精神的幻想，而這種幻想卻消
耗了他的精力，使他的生命過早地耗盡了，就如一隻腳踏在
半空中一樣不切實際地生活著。柯爾律治原本是一個才華橫
溢的年輕人，但是他意志薄弱，缺乏勤勉的習慣，且厭惡長
期連續性的工作，他空有萬般才華卻一事無成。在生活的許
多方面，他到最後面對的都是悲慘的失敗。他在有生之年整
日埋頭於自己臆想的荒謬絕倫的人生幻象之中，在當他面對
死神時，他仍然沉緬於幻想之中不能自拔。他的一生都在不
停地下決心、定計畫，但直到他步入天堂的那一天，也仍然
是紙上談兵而已，根本沒有付諸行動的決心。儘管他時時有

新主意、新目標，但是他從未鍥而不捨地完成過一件事。他的生活正如秋風中的落葉一般，隨風飄零，任意東西，漂泊不定。

偉人之所以成為偉人，成功者之所以能超越芸芸眾生，原因就在於他們能夠全身心地追求某一目標，全力以赴，矢志不移。因此他們的成就往往與其集中精力的程度成正比。

英國油畫家威廉·賀加斯（William Hogarth）既沒有受過高深的教育，也不是那種天資卓越、才氣四射的天才人物，他的成功就在於他那勤勤懇懇、埋頭努力的精神和細緻入微的觀察能力。他會將視線和注意力一直集中在某一張臉上，直到這張臉如照片般留在他的腦海中，以至於他可以隨時隨地將其複製出來。他能做到一絲不苟、謹慎細緻地研究和觀察任何物體，彷彿他永遠沒有機會再看到它們一樣，這種仔細觀察的習慣使得他在研究工作的細節描述上令人嘆為觀止。在他所生活的時代，他的著作幾乎影響到了所有重要的藝術流派。

在百老匯，人頭攢動，一列列浩浩蕩蕩的隊伍由此經過，樂隊在賣力地演奏著歡快的樂曲，就在這喧鬧嘈雜的環境中，坐在阿斯特大廈臺階上的霍勒斯·格里利（Horace Greeley）先生卻以他的帽子為桌子，為《紐約論壇報》寫了一篇社論。後來，這篇文章在社會上引起了轟動，並被多家

第三章　創大業須先做小事

報刊、雜誌引用。

　　有一次，一位先生來到《紐約論壇報》要求與編輯見面，因為他受到了一篇文章的辛辣嘲諷，覺得自己遭到了冒犯。於是，他被帶進了一間長7尺，寬9尺的狹小辦公室裡，編輯霍勒斯·格里利先生正在奮筆疾書，而且他的頭幾乎垂到了寫字的紙上。那位憤怒的先生開口便問：「請問您是編輯霍勒斯·格里利先生嗎？」「是的，先生，請問您有何貴幹？」格里利先生迅速地回答，但是他的眼睛始終沒有離開紙面，手也沒有停止書寫。

　　見此情景，怒火中燒的來客立即破口大罵，汙言穢語如決堤的河水般洶湧而至。他絲毫沒有顧及到自己的形像是否受損，自己的行為是否有失教養。但格里利先生卻不為所動，仍然鎮定自若地伏案工作，彷彿沒有受到任何干擾。他的筆尖在紙上迅速地劃過，自始至終沒有關注來客，至於那些惡言惡語，他更是充耳不聞，安之若素。大約20分鐘以後，那位憤怒的先生對自己的謾罵也感到有些厭煩了，他突然轉身，準備奪門而出。

　　這時，格里利先生抬頭看了那位先生一眼，並從座位上欠身站了起來，像老朋友一樣拍拍那位先生的肩膀，以一種令人愉快的音調說道：「朋友，別走，坐下來放鬆一下你的心情，這樣做你會感到好受一點。此外，這對我思考應該再寫

些什麼有很大幫助。」

所有成功人士的共同特性是，他們都擁有一個堅定不移的目標，而且這個目標一旦確立，他們就會為此破釜沉舟，不在奮鬥中成功，就在奮鬥中死亡。他們的這種特質使得他們所向無敵，無往不利。

約翰·亞當斯（John Adams）曾經說過，布魯厄姆勛爵（Lord Brougham）與喬治·坎寧（George Canning）一樣都是天資聰穎、才華橫溢的卓越人物，但不同的是，儘管布魯厄姆勛爵成了舉足輕重的英國大法官，而且獲得了律師這一行業的最高榮譽，並因為他在科學領域的諸多發現而享譽科學界，然而，從更高的意義上來說，他的一生總的來說是失敗的。事實上，在他的有生之年，他的名聲就已是江河日下了。他總是在追求新事物，並且總是缺乏持之以恆的精神，儘管他才華橫溢，但是他並沒有在歷史上或文學上留下任何真正不朽的業績。

「當銀板照相法最初剛剛風靡時，布魯厄姆勛爵正住在坎城的鄉間別墅裡。」馬蒂諾小姐回憶說，「一位藝術家準備給別墅和陽臺上的一群客人留一張影。他要求勛爵一動不動地保持 5 秒鐘，但是發誓紋絲不動的勛爵還是動了，結果，照片上布魯厄姆勛爵的位置上呈現了一團模糊的陰影。」

第三章　創大業須先做小事

「這只是一件小事，甚至微不足道，」馬蒂諾小姐繼續說道，「但是透過這件小事足以反映了他的個性特徵。在我們所生活的這個時代，在人類歷史長河這一特定的畫卷中，這個才華卓著的人本來應該成為叱吒風雲的中心人物，然而，由於他缺乏恆心卻斷送了他本該輝煌燦爛的事業。在歷史的畫卷中，本該由布魯厄姆勛爵占據一席之地的位置，現在永遠都是一片模糊了。這樣的悲劇隨處可見，不足為怪，有多少人僅僅缺乏一點恆心和決心，從而使生活只能是模糊一片！」

人們常說：持之以恆，鍥而不捨，則百事可為；用心浮躁，淺嘗輒止，則一事無成。這句話很有道理。福威爾・伯克斯頓就把自己的成功歸因於勤奮和對某個目標持之以恆的毅力。在追求某個目標時，他從來都是全身心地投入。正是他對自身奮鬥的目標的清楚了解和執著追求，才造就了他最後的成功。

毫無疑問，針尖和刀刃有著披荊斬棘的先鋒作用。雖然針尖幾乎細不可見，剃刀或斧頭的刀刃薄如紙片，但是如果沒有針尖或刀刃，那麼針或刀也就無法發揮作用。生活中，只有那些能夠在某一領域學有所專、研有所精有著刀刃般銳利鋒芒的人，才能夠克服艱難險阻，最後順利到達成功的巔峰。

我們應該避免阻礙我們心智全面發展的狹隘觀點，不要把自己局限在某一角隅裡。此外，我們也必須避免使自己成

為普瑞德筆下的那個無所不能的悲劇人物──

> 他的談話任意東西，飄搖不定，正如一條奔騰湍急的河流，不停地轉彎，在岩石間碰撞。一下子談起了穆罕默德，一下子又講起了摩西，剛才還在說嚴肅的政治，現在卻又在詼諧地調侃。一開始還在談及生活瑣事，諸如如何給賽馬釘馬掌，如何給黃鱔剝皮等，忽而話題又轉到了深奧的天體運行規律，告訴我們行星為何發光發熱。

如果你在孩子學步時就教育他要專心致志，視線集中，那麼，他通常會順利地到達目的地而不會跌倒。與此相反，如果他精力分散，那麼他大半會在中途跌倒，擦傷手腳。

在我們所生活的時代，年輕人在求職時常被問及這樣的問題：「你能做什麼？」而不會被問到是哪所大學畢業的，或者父輩姓甚名誰，何方人士。我們的社會所需要的是專業方面的訓練。絕大多數在著名公司位極頂峰的領袖人物都是透過自己的不懈努力，從最底層一步步提升起來的。

英國傳記作家塞西爾在解釋政界風雲人物瓦爾特‧羅利先生的成功原因時這樣評價說：「據我所知，他是一個能夠承受苦難的非凡人物。」

我們的心靈所渴望的東西往往可以經由大腦的思考和雙手的行動而獲得，如今這已成為一條規律了。同樣，知識、財富和成功的起伏變遷也如大海的潮起潮落一樣存在著內在

第三章　創大業須先做小事

規律。全神貫注地集中精力，用所有的才能將某個堅定不移的目標鎖定，並且憑藉無與倫比的力量和百折不撓的毅力，勇敢地忍受各種艱難困苦，義無返顧地沿著充滿幸福與榮耀，同時也是荊棘遍布的道路前進。這是我們在所有的成功中找到的一條普遍軌跡。

一位著名的化學家曾經說：「如果把一英畝草地所具有的全部能量聚集在蒸汽機的活塞桿上，那麼它所產生的動力足以推動世界上所有的磨粉機和蒸汽機。但是由於這種能量是分散存在的，所以它在科學上毫無價值。」

沃特斯語重心長地告誡我們：「永遠不要抱著投機的態度來學習。他在這裡所說的投機的學習態度，是指那種由於認為所學的東西未來某個時候可能會帶來好處，而毫無方向地進行學習的態度。這種學習態度只能導致一無所獲。要想獲得成功，首先要給自己制訂一個計畫，確定一個奮鬥目標，然後腳踏實地地為之努力，把你所有的精力和才能都全身心地投入，這樣就離成功不遠了。」

「那些同時有著很多目標、精力分散的人，就會很快地耗盡他們的精力，隨著精力的耗盡，消磨的就是原先的雄心壯志。」加雷斯‧馬修斯（Gareth B Matthews）博士說。

所有偉大藝術的共同特徵就是目標明確。如果說某位畫家想要在一張畫布上同時表現多種創作理念，並且讓所有的

創作對象都處在同等重要的位置上，那麼他必定不是藝術上的巨匠。如果一個藝術家能夠細緻入微地給予不同的對象以不同的表現程度，而且在整個創作的過程中，他的心中始終有一個中心主題和中心形象，並且使所有居於次要地位的人物、光線和陰影為其服務，那麼，這樣表現其作品的藝術家才是真正的藝術家。

事實上，我們的生活也是如此。在一種和諧的生活中，不管上帝賦予了你多麼卓越的天資，也不管你的學識修養多麼地廣博精深，然而，一種核心的精神、核心的才能是不可或缺的。這使得你的其他才能只是一種陪襯，並且能夠各得其所、恰如其分地表現出來。

年輕人的目標應該是符合內心渴望並切合實際的，雖然我們經常被教育要志存高遠，但是如果你只是含含糊糊地給自己確定一個大概的目標，且希望在行動的過程中加以調整或更改，那麼即使你的目標再遠大再宏偉，也只能如美麗的肥皂泡一樣，迅速地消逝。

眾所周知，箭一旦離弦，就只能筆直地射向目標，它不可能在中途改變方向，轉幾彎再決定射向哪裡。磁針也如離弦之箭一樣，不一一指向星空中所有閃爍的天體，然後再決定指向何方。事實上，所有的天體都在吸引著它。太陽光芒萬丈，燦爛輝煌；流星在向它頻頻召喚；滿天的星斗都在

第三章　創大業須先做小事

向它眨眼，希望它能夠指向自己，然而磁針卻憑著自己的本能，從不迷失方向，它的指針永遠堅定地指向北極星，無論在溫暖和煦的陽光下，還是在狂風怒雨的風暴中，它都始終如一。因為從古到今，甚至是遙遠的未來，當其他的天體都在不知疲倦的繞著它們中心旋轉運行時，北極星卻在自己的軌道上緩慢地移動著，在地球上看，它的位置幾乎是不變的，因而人們常常靠它來辨別方向，指引航海和旅行。

同樣，在我們生命旅程中，也會頻頻遇到各種各樣的誘惑。它們試圖誘使我們偏離對既定目標的追求，偏離對真理和自身職責的追求。但是，正如月球雖然憑著借來的光華可以銀光四射，流星雖然在天際璀璨耀眼，但它們卻無法為迷路的旅人指引方向一樣，我們的雙眼絕不能被形形色色的誘惑所吸引，從而使真正切合自己的既定人生軌道偏離正確的方向。

僱傭軍總指揮拉爾總督駐紮在特倫頓，他在打牌時收到一份情報，情報的內容是說華盛頓的軍隊正在穿越德勒華，要向這裡進攻。但是拉爾總督連看都沒看就將情報塞進了口袋裡，直到打完牌才拿出來看。結果，在他倉促地把隊伍集合起來準備應戰時，華盛頓的軍隊已經開始猛烈地進攻了，最終拉爾總督的軍隊全軍覆沒了。僅僅耽擱了幾分鐘就讓他付出了尊嚴、自由和生命的代價！由於凱薩沒有及時看到一條消息，致使他在到達議院時丟掉了自己性命，因此拖延有

時是會帶來致命的危險後果的。

慣於採取果斷行動的人更能掌握成功

愛爾蘭女作家瑪麗‧埃奇沃斯曾經說：「沒有任何一個時刻像現在這樣重要，不僅如此，沒有現在這一刻，任何時間都不會存在。如果一個人沒有趁著熱情高昂的時候採取果斷的行動，以後他就再也沒有實現這些願望的可能了。所有的希望都會消磨，都會淹沒在日常生活的瑣碎忙碌中，或者在懶散消沉中消逝。沒有任何一種力量或能量不是在現在這一刻發揮著作用。」

有人問華特‧雷利（Walter Raleigh）：「你怎麼在如此短的時間內取得如此大的成就呢？」華特‧雷利回答：「我需要做什麼事情就立刻去做。」習慣於採取果斷行動的人，即使偶爾犯錯誤，也比一個頭腦聰明卻總是懶散拖延的人收穫成功的可能性大。

有許多一事無成的人都這樣說：「我的一生都在追求明天，並且一直以為明天會給我帶來無窮無盡的好處和利益。」「明天？你是說明天嗎？」科頓這樣說，「明天，在亙古不變的時間長河中，明天是個永遠都找不到的狡猾之人，只有傻瓜才會對他念念不忘，情有獨鍾。明天是個一毛不拔的吝嗇鬼，它用虛假的承諾、期待和希望剝削你豐厚的財富，它給

第三章　創大業須先做小事

你開的支票是永遠無法兌現的空頭支票。明天是個想入非非的孩子，而他的父親就是愚蠢，結果只能永遠做著白日夢。明天就像夜晚的幻影一樣虛無縹緲，智者從來不相信所謂的明天，也從來不屑於與那些津津樂道於明天的人們為伍。」

《挪亞的皮革商》是英國小說家查爾斯‧里德（Charles Reade）的作品，其中有這樣一段：那個老是欠債不還的小職員還是積習難改，他在下定決心後忽然感到一陣睏意襲來，於是便昏昏睡去。過了很久，他從沉沉的夢中甦醒過來，朝著那些收據最後看了一眼，嘴裡還喃喃地說：「哦，我的頭怎麼這麼沉！」但是他馬上坐了起來，又自言自語地說：「明天 —— 我 —— 要把它帶到 —— 彭布魯克去。明天……」當第二天到來時，警察發現他已經去了天堂了。

只有魔鬼的座右銘才是明天。很多本來才智超群的人留在身後的僅僅是沒有實現的計畫和半途而廢的方案。這樣的例子在整個歷史長河中數不勝數。明天對懶散而又無能的人來說是最好的託辭。

「趁熱打鐵；趁陽光燦爛的時候晒乾草」是兩句家喻戶曉的俗語，這其中充滿了人類的智慧。

世間之人都有懶散倦怠的習慣，但卻很少有人注意到自己的這個習慣。有的人是在午飯後，有的人是在晚飯後，有的人是在晚上七點鐘以後就什麼都不想做了。每個人一天的

生活往往都有一關鍵時刻。對於大多數人而言，早晨幾小時往往是這一天是否會過得充實的關鍵時刻，如果你的一天不想白過的話，那麼你就一定不要浪費這個時刻。

麥亞尼是一位技巧高超、勇氣過人的將軍，曾經有人在亨利面前稱讚他。「是的，你說得很對，」亨利說，「他的確是一位了不起的將軍，但是他總比我晚 5 個小時。」麥尼亞上午 10 點鐘起床，而亨利在早上 5 點鐘就起床了。這就是他們兩人之間的差別所在。

拖延懶散是猶豫不決這種疾病的前期症狀。對於那些深受猶豫不決之苦的人來說，唯一的解決辦法就是當機立斷。猶豫不決的人就是失敗的人，因為猶豫不決這一疾病就是摧毀勝利和成就的致命武器。

用行動證明理想

愛德蒙·基恩衝進家門，一把抱住被他驚得不知所措的妻子，興奮不已地大聲說道：「觀眾都站起來向我歡呼，以後你可以有自己的馬車，查理也可以去貴族學校讀書了！」

小演員基恩一直埋頭鑽研自己的演技，最終成了當時的大明星。他膚色微黑，天生一副尖嗓子，讓人聽著很不舒服。然而，剛剛走上演藝事業的他卻決定扮演馬辛杰戲劇中吉列斯·歐弗裡奇爵士這一個前人從未扮演過的全新角色。

第三章　創大業須先做小事

他屢敗屢試，最終讓這個角色得到了人們的認可，在整個倫敦引起了轟動。

剛剛進入國會的謝里丹才做了一次演講就得到了著名記者伍德弗爾這樣的評價：「請原諒我坦率地說出我的看法，我覺得您不適合做演講。」並且奉勸他回去做他原來的職業。謝里丹聽了這話，托著下巴沉思了片刻，回答說：「我不會選擇離開，我覺得我適合，以後你會看到的。」後來，謝里丹用自己的行動證明了這一點。被著名的演說家查爾斯・詹姆士・福克斯（Charles James Fox）稱讚為眾議院有史以來最出色的一篇演說，正是出自謝里丹之口的那篇反駁沃倫・黑斯廷斯（Warren Hastings）的著名演講。西元 1828 年，伯納德・帕利西（Bernard Palissy）離開了法國南部的家鄉出外謀生，那時，他才年滿 18 歲。按照他自己的說法，那時候他一本書也沒有，只有天空和大地為伴，因為它們對誰都不會拒絕。當時，他還只是個不起眼的玻璃畫師，然而他的內心卻對藝術充滿了無限熱忱。

一次，在一個偶然的機會裡，他看到了一個精美的義大利杯子，並且被它的美麗完全迷住了，這也因此打亂了他以往的生活模式。從此，一種從未有過的熱情完全占據了他的心靈，他決心揭開瓷釉的奧祕，看看它為什麼能夠賦予杯子如此美麗的光澤。此後，他把自己的全部精力都投入到了

對瓷釉的研究中。他自己動手製造熔爐，但第一次失敗了。接著，他又造了第二個。這一次雖然成功了，但是這個爐子既費燃料，又耗時間，因此，幾乎耗盡了他的全部財產。最後，他因買不起燃料，只能改用普通火爐。試驗的屢屢失敗，並沒有使他心灰意冷，他每次在哪裡失敗，就從哪裡重新開始。最終，在歷經無數次失敗後，他終於燒出了色彩豔麗的瓷釉。

為了改進工藝，帕利西親手用磚頭壘起了玻璃爐。到了決定試驗成敗的時候，他連續高溫加熱了6天，可是瓷並沒有熔化，令他出乎意料，但他當時已身無分文了，只好靠借貸買來陶罐和木材，並且想盡一切辦法找到更好的助熔劑。一切準備就緒後，他又開始了新一輪試驗，然而直到燃料耗盡也仍然毫無結果。他跑到花園裡，拆下籬笆上的木柵充當木柴，但仍然沒有結果；他又將家具付之一炬，仍然毫無作用。情急之下，他將餐具室的架子也一併砍碎扔進了火裡，這一次奇蹟終於出現了：熊熊的火焰熔化了瓷釉。祕密終於被揭開了。有志者，事竟成，這句話用在伯納德·帕利西身上再恰當不過了。

威廉·沃特說：「一個人如果總是優柔寡斷，不知道應該先做什麼，那麼，他只能一事無成。如果他下決心去做某事，可是一聽到朋友的反對意見就改變原來的想法，自己的

第三章　創大業須先做小事

主意也像風向標一樣變來變去，東風來西邊倒，西風來東邊倒，這樣的人永遠成就不了大事。他們總是原地踏步，沒有任何進步，因此，失敗會隨時降臨到他們頭上。」

著名畫家弗朗西絲·雷諾茲（Frances Reynolds）說：「一個人如果想在繪畫上，或者其他藝術領域有所成就，那麼，他就應該從早晨起來一直到晚上睡覺都牢記這個目標。」

一個出版商對他的代理人說：「如果你在兩週內一本書都沒有賣掉，而你一點都不洩氣，那麼你一定會成功。」卡萊爾說：「先考慮好自己要做什麼，然後像赫拉克勒斯那樣投入到你的工作中去。」著名畫家特納曾經說：「勤奮工作是我成功的唯一祕訣。」

天才就是注意細節的人

《舊金山郵報》曾刊登過樣一則新聞：本市一家書店的記帳員一連 3 個星期沒有休息過，為什麼呢？因為他無論如何也查不出帳面上 900 元的虧空到底出於何處。儘管他一遍又一遍地仔細核對每一筆交易的收入和支出情況，又不厭其煩地把核對後的數字累加起來，依然沒有發現到底錯在哪裡。

書店經理單獨會見他的時候，他已經心力交瘁、幾近崩潰了。於是，經理決定親自清查帳目，但得到的結果卻與這位記帳員千百次得出的結論如出一轍，900 元的虧空問題依

舊存在。

最後，他們只好把當班的書店營業員找來，3 個人再次核對帳目。這一次，沒過多久問題就被查出來了。

「經理，這裡應該是 1,000 元！」值班的營業員大聲說，「可是，怎麼把它算成了 1,900 元呢？」原來都是一條蒼蠅腿惹的禍，這條蒼蠅腿正好黏在了 1,000 這個數額上第一個零的右下角，於是，就出現了 900 元的虧空。

望著從煙筒裡冒出來的滾滾濃煙，瓦特緒萬千，在他看來，這個世界蘊藏著無比巨大的能量。在以蒸汽機為主要動力的年代，蒸汽機如果失去了動力能源，那麼靠蒸汽來發動的火車、船以及世界上成千上萬的機器都將停止轉動。每一個車輪、轉軸、錠也都將停止下來。世界各地將再也聽不到生產行業發出的轟鳴聲。成千上萬的工人將加入失業者的行列，千千萬萬的家庭將失去經濟來源，還有成千上萬的人將流離失所，甚至走向死亡。

世界上最引人深思的真理就是：構成最偉大生命的往往是無數個最細小的事物。絕大多數人的生命都是平淡無奇的，很少人有機會創立宏偉大業，也很少有人遇到大的災難。生活的長河往往是由那些瑣碎的事情、微不足道的小事件以及不值一提的經驗彙集而成的，但也正是它們才構成並體現了生命的全部內涵。

第三章　創大業須先做小事

著名科學家赫爾曼‧馮‧亥姆霍茲（Hermann von Helmholtz）說自己一生的成就都是狂熱症給予的。當時，由於傷寒發作而得了狂熱症的他不得不待在家裡養病，寂寞難耐時他就用很少的積蓄買了一架天文望遠鏡。然而，正是這架望遠鏡把他引入了科學之門，並讓他有幸成為這個殿堂裡的天使。

還有一個故事發生在特洛伊，一張傾國傾城的臉蛋和一個迷人的笑容在這裡展開了一場圍攻戰，這場圍攻戰長達 10 年之久，也正是這場戰爭促使荷馬創作出了名垂青史的英雄史詩。

辦事要有章法

行動是要有章法的，不能眉毛鬍子一把抓，要分輕重緩急！這樣才能一步一步地把事情做得有節奏、有條理，達到良好結果。

在緊急但不重要的事情和重要但不緊急的事情之間，你首先去辦哪一個？面對這個問題你或許會很為難。

在現實生活中，許多人都是這樣，這正如法國哲學家布萊斯‧巴斯卡所說：「把什麼放在第一位，是人們最難懂得的。」對許多人來說，這句話不幸而言中，他們完全不知道怎樣把人生的任務和責任按重要性排列。他們以為工作本身

就是成績，但這其實是大謬不然。

不妨舉一個例子，我們在學校學習的過程中，最缺的是什麼？可能有許多人都有同感，我們最缺的就是錢。在這個時期，我們可以認為，對於我們的一生而言，學習對我們是重要的，但卻不是最緊急的，而錢對我們是緊急的（我們會舉出許多理由，如我們已經長大了，不想要父母明的錢等等），但卻不是最重要的。在這個十字路口，我們選擇什麼？

對這個問題，不同的人有不同的選擇。有的早早就選擇棄學從商，有的依然選擇在校學習，而更可悲的人還有，無論他是棄學經商還是在校學習，他都不知道他在做什麼？

這個例子看來真是再明顯不過了，許多人在處理我們日常生活的方方面面時，的確分不清哪個更重要，哪個更緊急。這些人以為每個任務都是一樣的，只要時間被忙忙碌碌地打發掉，他們就從心眼裡高興。他們只願意去做能使他們高興的事情，而不管這個事情有多麼不重要或多麼不緊急。

實際上，懂得美麗生活的人都是明白輕重緩急的道理的，他們在處理一年或一個月、一天的事情之前，總是按分清主次的辦法來安排自己的時間。

商業及電腦產業大人物羅斯‧佩羅（Ross Perot）說：「凡是優秀的、值得稱道的東西，每時每刻都處在刀刃上，要不

第三章　創大業須先做小事

斷努力才能保持刀刃的鋒利。」羅斯了解到，人們確定了事情的重要性之後，不等於事情會自動辦得好。你或許要花大力氣才能把這些重要的事情做好。而始終要把它們擺在第一位，你肯定要費很大的力。下面是有助於你做到這一點的三步計畫：

估價。首先，你要用上面所提到的目標、需要、回報和滿足感四原則對將要做的事情作一個估價。

去除。第二步是去除你不必要做的事，把要做但不一定要你做的事委託別人去做。

估計。記下你為達到目標必須做的事，包括完成任務需要多長時間，誰可以幫助你完成任務等資料。

在確定每一年或每一天該做什麼之前，你必須對自己應該如何利用時間有更全面的看法。要做到這一點，你要問自己四個問題：

我從哪裡來，要到哪裡去？我們每一個人來到這個世界上，都是上帝的安排。我們每個人都肩負著一個沉重的責任，按上帝指定的目標前進。可能再過 20 年，我們每個人都有可能成為公司的主管、大企業家、大科學家。所以，我們要解決的第一個問題就是，我們要明白自己將來要做什麼？只有這樣，我們才能持之以恆地朝這個目標不斷努力，把一切和自己無關的事情通通拋棄。

　　我需要做什麼？要分清緩急，還應弄清自己需要做什麼。總會有些任務是你非做不可的。重要的是你必須分清某個任務是否一定要做，或是否一定要由你去做。這兩種情況是不同的。非做不可，但並非一定要你親自做的事情，你可以委派別人去做，自己只負責監督其完成。

　　什麼能給我最高回報？人們應該把時間和精力集中在能給自己最高回報的事情上，即他們會比別人做得出色的事情上。在這方面，讓我們用帕雷托（Vilfredo Pareto）（80/20）定律來引導自己：人們應該用 80%的時間做能帶來最高回報的事情，而用 20%的時間做其他事情，這樣使用時間是最具有策略眼光的。

　　什麼能給我最大的滿足感？有些人認為能帶來最高回報的事情就一定能給自己最大的滿足感。但並非任何一種情況都是這樣。無論你地位如何，你總需要把部分時間用於做能帶給你滿足感和快樂的事情上。這樣你會始終保持生活熱情，因為你的生活是有趣的。

　　在確定了應該做哪幾件事之後，你必須按它們的輕重緩急開始行動。大部分人是根據事情的緊迫感，而不是事情的優先程度來安排先後順序的。這些人的做法是被動的而不是主動的。懂得生活的人不能這樣，而是按優先程度開展工作。以下是兩個建議：

第三章　創大業須先做小事

一是每天開始都寫一張優先表。伯利恆鋼鐵公司總裁查爾斯·施瓦布（Charles Schwab）曾會見效率專家艾維·李（Ivy Lee）時，艾維·李說自己的公司能幫助施瓦布把他的鋼鐵公司管理得更好。施瓦布承認他自己懂得如何管理，但事實上公司不盡如人意。可是他說自己需要的不是更多知識，而是更多行動。他說：「應該做什麼，我們自己是清楚的。如果你能告訴我們如何更好地執行計畫，我聽你的，在合理範圍之內價錢由你定。」

艾維·李說可以在 10 分鐘內給施瓦布一樣東西，這東西能使他的公司的業績提高至少 50%。然後他遞給施瓦布一張空白紙，說：「在這張紙上寫下你明天要做的 6 件最重要的事。」過了一下子又說：「現在用數字標明每件事情對於你和你的公司的重要性順序。」這花了大約 5 分鐘。艾維·李接著說：「現在把這張紙放進口袋。明天早上第一件事是把紙條拿出來，作第一項。不要看其他的，只看第一項。著手辦第一件事，直至完成為止。然後用同樣方法對待第二項。第三項……直到你下班為止。如果你只做完第一件事，那不要緊。你總是做著最重要的事情。」

艾維·李又說：「每一天都要這樣做。你對這種方法的價值深信不疑之後，叫你公司的人也這樣做。這個試驗你愛做多久就做多久，然後給我寄支票來，你認為值多少就給我多

少。」

　　整個會見歷時不到半個鐘頭。幾個星期之後，施瓦布給艾維·李寄去一張 2.5 萬元的支票，還有一封信。信上說從錢的觀點看，那是他一生中最有價值的一課。後來有人說，5 年之後，這個當年不為人知的小鋼鐵廠一躍而成為世界上最大的獨立鋼鐵廠，而其中，艾維，利提出的方法功不可沒。這個方法還為查理斯·施瓦布賺得一億美元。

　　二是把事情按先後順序寫下來，定個進度表。把一天的時間安排好，這對於你成就大事是很關鍵的。這樣你可以每時每刻集中精力處理要做的事。但把一週、一個月、一年的時間安排好，也是同樣重要的。這樣做給你一個整體方向，使你看到自己的宏圖，從而有助於你達到目的。

你的腳下就是成功的路

　　你盼望與他人交往，但或許你個性內向又害怕與別人交往，這時你面對這個僵局你該怎麼做呢？

　　躲避觀望都不可取，面對恐懼，走上一條通向成功的路吧！

　　當你參加宴會或聚會時，你是否只是靜靜地站在角落裡，等待更有自信的人先來和你攀談呢？如果這是你目前的狀況，那麼，練習一些勇敢的社交技巧，和陌生人說話吧！

第三章　創大業須先做小事

下一次，你參加社交集會時，看看室內，找一個看起來不錯的人。然後，冒個險吧！

把微笑掛在臉龐，走過去對他伸手說：「你好，我是某某某，這個宴會真不賴。」和他談論這個房子、食物或你和主人之間的友誼……任何你能想得到的。要熱忱、輕鬆，記住，你的對象可能正因你的接近和談話感到緊張擔心呢！我們都有同樣的情緒波動，他也會感到害怕。所以你要親切一點，問問他的工作、嗜好，然後溫和地離開，去找另一個人攀談。盡可能地做這個練習。

每一次你和別人相處或承受擔憂時，也許會感到心跳加快、面紅耳赤，沒關係，這是好現象。你要學會把不受人歡迎的「害羞」去掉，經常面帶微笑地和陌生人說話，會使你變得溫暖熱忱。

只要你鼓起勇氣努力地去做，使你感到害怕，恐懼的事情就會在不知不覺中漸漸遠離你。

如果你能經常面對害怕的事情，你就會發現，處理害怕彷彿愈來愈簡單了。現在，讓我們假設，在宴會中走向陌生人的害怕程度，可以用重量來衡量，滿分是一百分。第一次走向陌生人時，你心裡承受了一百分的害怕。到了第二次，因為你已經冒過一次險，所以你覺得情況熟悉多了，所以害怕的重量只剩下六十分。第三次，害怕的重量已經減輕不

少，或許只剩下三十分。到第六次、第七次，因為不斷地練習，害怕早已不存在了。現在你已經是個能接近陌生人並且熟練又有魅力的人了，在任何地方，你給人的印象都是優雅、親切而隨和的。

　　儘管你每次的努力不一定都能到達成功的彼岸，甚至在途中還會遭遇到多次失敗，但強者仍能循著害怕的航標前進，堅持到底從而達到成功的目的地。

第三章　創大業須先做小事

第四章
掌握時機鑄造輝煌

自己創造機會

「我們有可能透過這條路直接穿越嗎？」拿破崙問他身邊的工程師們。因為這些工程師曾被派去探尋能夠穿過險峻的阿爾卑斯山聖伯納山口的路。「也許有可能，」他們回答得很牽強，「還是存在著一定的可能性的。」「那就前進吧！」瘦弱單薄的拿破崙堅定地說，他絲毫沒有察覺到工程師們言語之中的弦外之音：那個山口似乎是不可踰越的。

而與此同時，當拿破崙要穿越阿爾卑斯山的消息傳到英國人和奧地利人的耳朵裡時，他們只是輕蔑地報以無聲的冷笑，畢竟那座神山從未有車輪碾過，是一片淨土，也不可能有車輪能夠從那裡碾過。更何況拿破崙還率領著 7 萬軍隊，載著成噸的砲彈、設備和物資，還拉著笨重的大砲呢！

然而，當一向認為勝利在望的奧地利人正洋洋得意之時，拿破崙的軍隊卻突然出現在了他們的視野中，這讓他們感到十分震驚，被困在熱那亞的馬塞納將軍也因此從飢餓的境地被解救出來。拿破崙並沒有像其他先行者那樣被不可踰越的高山嚇倒，他率領軍隊成功穿越了阿爾卑斯山。拿破崙成功了，他在世界戰爭歷史上創造了奇蹟。

被人們認為是不可踰越的障礙一旦被征服時，總會有人說，這個障礙在很久以前就能被征服；還會有人說，他們在征服這個障礙時遇到了任何人都無法想像、無法克服的困

難，進而把在困難面前畏縮不前的事實說成是順理成章的事情，好讓自己從困難面前大搖大擺地溜走。儘管許許多多的指揮官有精良的裝備，有必要的工具，有善於穿越崎嶇山路的士兵，但是他們卻缺乏拿破崙在困難面前的堅韌勇氣。儘管那些困難對於任何人來說都是難以克服的，但是對於拿破崙來說，他只能前進，他只能自己創造機會並牢牢握住這個機會，才能夠更勝一籌。

在美國南北戰爭時期，格蘭特將軍在新奧爾良不幸從馬上跌落，受了重傷。這時，他接到命令要求他去指揮查塔努加的戰役。當時，聯邦軍已被南方軍重重圍困，投降只是一個時間早晚的問題了。到了晚上，敵軍在四周的群山中燃起無數篝火，在漆黑的夜空的映襯下猶如點點繁星。而對於格蘭特將軍來說，所有的補給與供應線都已經被切斷了，他只能強忍著身體的疼痛斷然下令，揮師轉移，尋找新的戰場。

轉移戰場對於一支軍隊來說並不是一件容易的事，格蘭特將軍拖著重傷的身體，坐在馬拉著的擔架上指揮著軍隊前進。它們沿著密西西比河北上，穿過俄亥俄河及其星羅棋布的支流，一路艱難跋涉，走過茫茫荒原，最後，格蘭特將軍終於在 4 名士兵的幫助下，率領軍隊到達了查塔努加。一個偉大的指揮官到了！他的到來立刻改變了整個戰場的局勢，他能夠扭轉戰局，而且也只有他才能夠扭轉戰局。他的堅韌

和毅力鼓舞了整個軍隊的士氣。敵人仍然在一步步地逼近，但是在格蘭特將軍的身體還沒有痊癒時，北方軍就已經以迅雷不及掩耳之勢奪回了周圍的所有陣地。

發生在這裡的一切是完全出自偶然，顯然是因為重傷的格蘭特將軍那不屈不撓的決心鼓舞和激勵了整個士氣，才扭轉了失敗的局面。

把握機會，成就偉業

意志力、勇氣與決心是不是能夠改變一切呢？否則為什麼凱薩在發現自己的軍隊難以抵擋敵人進攻時，便拿起長矛，緊握盾牌，勇往直前，使得他的軍隊又迅速集結，最終大獲全勝？為什麼內伊在大大小小一百多場戰役中總能化險為夷，使戰局轉敗為勝呢？為什麼溫克爾里德的胸前深深插入了數根長矛時，他依然傲然挺立，衝出一條血路，讓戰友們步步進攻，踏上勝利之路呢？為什麼佩裡能夠離開勞倫斯河，獨自搖槳前往尼亞加拉大瀑布，讓英國人的槍聲從此銷聲匿跡？為什麼賀雷修斯只帶領 2 名士兵就讓 9 萬托斯卡納的軍隊驚慌失措，瑟瑟發抖，直到穿越臺伯河的橋轟然倒塌？為什麼在聯邦軍不斷潰敗時，謝里丹將軍趕到曼徹斯特，獨自一人策馬去往禦敵前線，從而力挽狂瀾？為什麼萊奧尼達斯能夠以寡敵眾，在溫泉關阻遏波斯的百萬大軍？為

什麼威廉‧特庫姆塞‧薛曼（William Tecumseh Sherman）將軍單槍匹馬衝上前線，向他的士兵們揮手致意，要求他們堅守堡壘和陣地時，戰士們立刻軍心大振，為他們偉大的指揮官薛曼將軍的到來奔走相告，並且真的保住了陣地？為什麼拿破崙在經年累月的戰鬥生涯中，從來在任何一場戰役中潰敗過，從未失過手？為什麼特米斯托克利能夠在希臘的海邊讓波斯的戰艦支離破碎，沉沒海底？為什麼威靈頓公爵歷經沙場卻從未潰敗過？

與此類似的千千萬萬個例子是無聲的歷史留給我們的，它告訴我們，有無數傑出的偉人們在別人猶豫不決、畏縮不前時，他們果斷地把握住了機會，成就了常人難以想像的偉大業績。這些人能夠讓整個世界為之喝彩的就是他們做事能夠當機立斷、雷厲風行，並且全身心地投入其中。

當然拿破崙只有一個，但是，我們也應該清楚地意識到在今天，世界上任何一個年輕人所面臨的困難與挫折，絕沒有這位偉大的科西嘉小個子所跨越的阿爾卑斯山更高、更險。

要抓住生活中的每一個看似普通的機會，讓它變得非比尋常，不要痴痴地等待非比尋常的機會叩響你的心扉。西元1838 年 9 月 6 日清晨，在英格蘭與蘇格蘭之間的蘭斯頓燈塔裡，一位年輕女子被一陣尖銳恐懼的呼叫聲從夢中驚醒。此

第四章　掌握時機鑄造輝煌

時的天氣狀況極差，狂風大作、暴雨傾盆，海浪怒吼翻滾，其間呼嘯的風聲、咆哮的海浪聲，夾雜著一陣陣淒厲的呼叫聲不絕於耳畔。她透過望遠鏡看到了 9 個弱小的身影，他們乘坐的船隻失事了，船頭懸掛在半英里之外的岩石上，而求生的慾望卻使他們努力掙扎著抓住海浪中漂浮的木板。

看到此情此景，燈塔的看守人 —— 年輕女子的父親威廉・達琳無可奈何地搖了搖頭，說：「我們幫不了他們。」「不，會有辦法的，好好想一想，我們一定會有辦法的。我們必須救他們。」女兒含淚哀求著父母。「好吧！」父親終於被女兒的真情打動了，「就依你的要求去試一試吧！格雷恩。但是這與我的理智判斷背道而馳，是有悖常理的。」

接著，一葉小舟衝向洶湧澎湃的大海，像狂風中飄零的羽毛一樣漂浮不定。它穿過疾風驟雨，鑽過驚濤駭浪，駛向失事的船隻。那些船員的呼叫聲喚起了這位羸弱女子的勇氣和力量，她和父親一起奮力地划著槳在暴風雨中穿行。最終，9 個船員得救了，他們安全回到了船上。

看著這位女英雄，一位船員不禁脫口稱讚道：「親愛的女孩，沒想到你如此單薄的身軀卻在驚濤駭浪中救了這麼多人。願上帝保佑你！」她的英雄氣概讓高貴的君王都自嘆不如，她的所作所為讓全英國的人都感到無比榮耀。

紀實小說家喬治・埃格爾斯頓（George Eggleston）曾講

述過這樣一個故事：一天，西格諾·法列羅要在府邸舉行一個盛大的宴會，並邀請了許多尊貴的客人。就在宴會開始前夕，負責餐桌布置的點心製作人員表示，那件設計擺放在桌子上的大型甜點飾品，不小心被弄壞了，不知如何修復。聽到這個壞消息，管家一時急得不知所措。」

「如果您能給我一個機會，我想我能彌補這個過失，並且讓您滿意。」這時一個孩子拉拉管家的衣襟怯生生地說。「你？」管家驚訝地喊出聲。因為這個孩子是西格諾府邸廚房裡做雜務的一個僕役。「你是什麼人，竟敢在這裡說大話？」「我是雕塑家尼古拉·皮薩諾（Nicola Pisano）的孫子安東尼奧·卡諾瓦（Antonio Canova）」。這個臉色蒼白的孩子大聲地回答道。

此情此景，管家有些半信半疑地問：「你真的能做嗎，孩子？」「如果您能允許我試一試，我可以造一件大型甜點飾品擺放在餐桌中央，並讓尊貴的客人們稱讚它。」此時，孩子鎮定地說。看著慌得手足無措的僕人們，管家只好答應安東尼奧的請求，允許他去試一試，他則站在一旁注視著這個孩子的一舉一動。這個廚房的小幫工很快端來了一些奶油。不久，一隻蹲著的奶油巨獅造好了。眼前的這一幕讓管家喜出望外，他有點不相信自己的眼睛，連忙派人把這個奶油巨獅擺到餐桌的中央。

第四章　掌握時機鑄造輝煌

　　宴會開始了，客人們陸陸續續地來到餐廳，這些客人當中，有高貴的王子、公主，有傲慢的王公貴族們，有威尼斯最著名的實業家，還有眼光敏銳挑剔的藝術評論家。當他們一眼望見餐桌中央蹲著的奶油巨獅時，都不禁交口稱讚，並認為是一件天才的作品。他們的目光不忍從獅子身上移開，甚至將自己來此的真正目的拋到了角隅裡，結果整個宴會變成了奶油獅子的鑑賞會。客人們在獅子面前情不自禁地細細欣賞著，還不斷地問西格諾‧法列羅，究竟是哪一位天才的藝術家竟然肯將自己的雕塑技藝浪費在這樣一種很快就會融化的奶油上。法列羅也被弄得一頭霧水，他立刻叫來管家問個究竟，於是，這個廚房的幫工小安東尼奧被管家帶到了客人們的面前。

　　當這些尊貴的客人們得知，面前這個美侖美奐的奶油獅子竟然是一個孩子倉促完成的作品時，不禁為之震驚，整個宴會立刻變成了對小安東尼奧的讚美會。富有的主人在興奮之餘當眾宣布，為了讓小安東尼奧的天賦充分地發揮出來，他願出資為這個天資過人的男孩請最好的老師，將他培養成為真正的雕塑家。

　　西格諾‧法列羅信守了自己的諾言，但是寵幸並沒沖昏安東尼奧的頭腦，他依舊純樸、熱忱又踏實，他孜孜不倦地刻苦努力著，希望自己成為皮薩諾門下一名優秀的雕塑家。

也許沒有人知道安東尼奧是如何充分利用第一次機會，盡量展示自己的才華，但是著名雕塑家卡諾瓦的大名卻盡人皆知。

強者創造機會，而弱者卻等待機會

「等待機會的人不是聰明的人，而尋找機會，把握機會，征服機會，讓機會成為服務於他的奴僕的人才是最聰明的人、最優秀的人。」夏賓說。

在你的一生中，你只有不到百萬分之一的可能性獲得特殊機會。然而機會卻常常出現在你面前，你可以抓住它，把握它，將它變為有利的條件，因此你需要的是付諸於行動。

藉口說沒有機會的人都是懦弱和猶豫不決的人。他們總是高喊：機會！請給我機會！其實，機會充滿了每個人的生活。每一次考試是你生命中的一次機會；學校裡的每一堂課是一次機會；每一個病人對於醫生來說都是一個機會；每一次商業買賣是一次機會，是一次展示你的優雅與與禮貌、果斷與勇氣的機會，是一次表現你誠實特質的機會，也是一次交朋友的好機會；每一篇發表在報紙上的報導是一次機會；每一次對你自信心的考驗是一次機會；每一個客戶是一個機會；每一次布道也是一次機會。

在這個世界上，生存本身就是你奮鬥進取的特權，它是

第四章　掌握時機鑄造輝煌

上帝賜予你的，你要利用這個機會，充分地將自己的才華展現出來，並矢志不渝地追求成功，那麼這個機會所能給予你的東西要遠遠大於它本身。道格拉斯（Frederick Douglass）是一個連身體都不屬於自己的奴隸，他尚且能夠透過自己的努力成為一位傑出的作家、演說家、政治家。那麼，當今與道格拉斯相比有無數機會的年輕人，是否應該有更好的表現呢？

　　勤勞的人永遠在孜孜不倦地工作著、努力著，而懶惰的人總是抱怨自己沒有機會、沒有時間。睿智的人能夠從瑣碎的小事中尋找機會，而粗心大意的人卻輕而易舉地讓機會從眼前溜走了。許多人一生都在尋找機會，他們像勤勞的蜜蜂一樣，從每一朵花中汲取瓊漿。聰明人會在他們遇到的每一個人身上，每一天生活的場景中尋找機會，他們會將一些有用的知識添加入他們的知識寶庫裡，給他們的個人能力注入新的能量。

　　「世界上每一個人都有機會與幸運之神牽手，但是如果幸運之神發現這個人對她的到來毫無準備時，她就會從正門進來，然後消失在窗櫺間。」這是一句給人深刻教育的古老格言。

　　美國人康內留斯‧范德比爾特（Cornelius Vanderbilt）是運輸業巨頭，著名企業家，他看到了汽船行業的發展前景，並認定自己在汽船航海方面能夠有所成就。因此他放棄了原

本已經蒸蒸日上的事業，到當時最早的一艘汽船上當船長，而年薪僅為 1,000 美元。他的這一決定讓家人和朋友為之震驚。當時，利文斯敦和富爾頓已經取得了汽船在紐約水面上航行的專有權，但是，范德比爾特卻認為，這項法令有悖於美國憲法的精神。在他的一再要求下，這項法令最終被取消了，此後不久，他擁有了一艘屬於自己的汽船。

在當時，政府每年要拿出一大筆錢補貼往來於歐洲的郵件業務，而范德比爾特卻提出他願意免費投遞郵件並承諾更好的服務。他的這一要求很快就被接受了。靠著這種方式，一個龐大的客運與貨運體系初步建成了。當這項事業逐步完善後，他又預見到，鐵路運輸將在美國這樣一個地域遼闊、人口眾多的國家大有發展前景。於是，他又積極地投身到鐵路事業中去，為後來建立四通八達的范德比爾特鐵路網奠定了堅實的基礎。

「四十九人大篷車隊」的成員、年輕的菲利普‧阿穆爾將自己的全部家當搬上了一輛牧場大篷車，由一匹騾子拉著，毅然地跟隨車隊穿越「美國大沙漠」。辛勤工作的他將礦上定時發放的所有薪水一點點地存起來。這些積蓄是他日後獨立開創事業的基礎。6 年後，這筆錢被他用來在威斯康星的密爾沃基經營糧食與商品批發。前後 9 年時間，他將 50 萬美元裝進了口袋。

第四章　掌握時機鑄造輝煌

格蘭特將軍是美國南北戰爭時期的傑出領袖，當他命令軍隊打到里奇蒙（Richmond）去時，菲利普・阿穆爾突然意識到了一個寶貴的機會。西元 1864 年的一個清晨，他敲開了合夥人普蘭克頓的門，並且對他說：「我要坐下一班火車去紐約，傾銷我們手中所有的豬肉。因為叛軍的喉嚨已經被格蘭特和薛曼的軍隊扼住了，戰爭很快會以勝利而告終，那時豬肉會跌至每桶 12 美元。」此時他看準機會到來了，就果斷地做出決定。

到達紐約以後，他在市場上以 50 美元一桶的價格大量拋售豬肉，人們都爭相前去購買。華爾街上精明的投機商們都嘲笑這個西部年輕人的瘋狂舉動。他們勸告阿穆爾說，戰爭還遠遠沒有接近尾聲，豬肉價格還會一直攀升。對於他們的勸告，阿穆爾不屑一顧，照舊拋售豬肉。格蘭特的軍隊勇往直前，而南方軍則無回天之力，只能節節敗退，不久，里奇蒙失陷了。不出阿穆爾所料，豬肉的價格猛跌到了每桶 12 美元，而把握住機會的阿穆爾先生卻將 200 萬美元裝進了口袋。

在石油行業抓住了機遇的洛克斐勒（John D. Rockefeller）注意到，這個國家的人口眾多，但用電燈的人卻極少。這裡的石油儲量非常豐富，其產量低、使用不安全的主要原因就在於石油冶煉加工的方法太原始，而這個技術落後的缺口正好給他提供了極好的機會。他不僅善於發現機會的所在，更

善於利用機會創造成功。

　　首先，洛克斐勒去找曾經與他一個機械廠共同工作過的維修工塞繆爾·安德魯斯（Samuel Andrews）作為合夥人。直到西元 1870 年，他利用合夥人發明的冶煉加工石油的新工藝開始冶煉他們的第一桶石油。由於他們冶煉出來的石油品質好，因此生意越來越興隆，後來，他又吸收弗拉格勒（Flagler）作為合夥人共同發展他們的事業。

　　然而，好景不長，安德魯斯對現狀不滿，希望從這個團體中退出。「你想要什麼補償？」洛克斐勒問道。安德魯斯隨意地將「100 萬美元」這幾個字寫在一張紙上。不到一天時間，安德魯斯就從洛克斐勒手中拿到了這筆錢。臨別時，洛克斐勒對安德魯斯說：「你沒有要 1,000 萬美元，而只要了100 萬美元，這個要價真的不高。」

　　在此後 20 年間，這個僅以 1,000 美元起家的小冶煉廠以滾雪球的速度迅速成長為石油行業的托拉斯——「美孚石油公司」。它的股票價格升至每一股 170 美元，總資產達到了 9,000 萬美元，而公司的市場價值則超過了 15,000 萬美元。

抓住時機，才能成功

　　一個人的競爭能力如何，往往就看其是否善於抓住迎面而來的機會。善抓時機是非常重要的，這是奪得事業成功的

必個可少的因素。能否抓住這樣的時機，不但是時間管理成敗的關鍵，也是一個人一生事業成敗的關鍵。沒有機會，縱然才華橫溢的人，也未必能夠登上成功之巔：因失掉千載難逢的好時機而遺憾終生的也大有人在。善於抓住時機，是偉大人物成功的奧祕，學會抓住時機，是自我訓練的精華所在。那麼，怎樣抓住時機呢？

■ 要理解時機

在生活中，到處都有時機問題，運動場上，抓住時機，則金牌垂胸；疆場對陣，抓住時機。則贏得戰機；科壇奪魁，抓僕時機，則獨占機會鰲頭。國際知名管理學家哈羅德·孔茨（Harold Koontz）和西里爾·奧唐奈（Cyril O'Donnell）在其頗有影響的著作《管理原則》中特別強調要「理解機會」，並指出：「理解機會是規劃的真心出發點」。只有認清機會，才能「建立起現實主義的目標」、提出可行性方案，人才是時代的產物，但是在同一時代、同樣條件下，不同的人發揮的作用有時會有天壤之別，除了其他條件之外，關鍵在於能否認清時代，抓住機會。只有當人們不失時機地理解和利用這種歷史條件，才能取得成果。

2000 年代是一個充滿機會的時代；理解時機，學會抓住時機，是現實生活提出的重大命題，也是走向成功應該研究的重要課題。

■ 要看準時機

看準時機，掌握好審時度勢的藝術，需要從以下幾個方面努力：

❖ **要有敏銳的觀察力**：時機往往是一瞬即逝的，有時甚至在人們意料之外出現。如果不具備敏銳的觀察力，那就不可能有幸看準時機，並且抓住它。在希臘神話中，幸運女神福耳圖娜的形像是一位站在車輪上的少女，蒙著雙眼。這意味著她雖盲目，卻不是隱形的；一個人如果肯銳意進取，留心觀察，他就一定能看準「幸運」。

❖ **要提高自己的預見能力**：掌握好審時度勢的藝術，最基本的方面是要看準事物將會向何處發展，須知未來並不是一本合上了的書。大多數將要發生的事都是由現在正在發生的事所決定的，緊緊抓住現在這個時機，採取行動，就會減少將來的麻煩，或在將來能得到好處。

❖ **提高洞察力**：科學的洞察力，就是俗話所說的「一眼看穿」的能力，它表現在能迅速地透過現象抓住本質，對一些表面上似乎不同的事物，能迅速地找出它們的共同點或彼此之間的連繫。洞察力的高低與審時度勢的能力成正比。在事物未萌發時便能科學地預見其出現，是一等洞察力；在事物萌芽狀態時能正確地理解它的性質與意義，預見它發展的趨勢，是二等洞察力；事物成長起

來以後才能理解它，屬於三等洞察力。很明顯，卓越的洞察力是審時度勢、看準時機的關鍵。

❖ **要有自制力**：看準時機的要害是一個「準」字，過遲的行動固然會貽誤時機，過早的行動則往往是欲速則不達。審時度勢時犯有「急性病」和「慢性病」，都會影響看準時機，我們既不能犯「急性病」，也不能犯「慢性病」，不能從一個極端跳到另一個極端。掌握「準」字沒有靈丹妙藥，它是一種智慧與自制力的結合體。另外，也要了解其他人是如何看問題的。我們的每時每刻都是與所有的人共享的，每個人都會從不同的角度去看待周圍發生的事情。因此，了解其他人的看法對看準時機也是非常重要的。

■ 要尋找時機

一般說來，風險和時機的大小是成正比的。如果風險小，許多人都會努力追求這種機會；如果風險大，許多人就會望而卻步，甚至連敢想都不敢想，少數敢冒風險者往往能得到最大最多的好時機。因此也可以說，時機就是對人們所承擔的風險的相應補償。要想贏得時機，就必須對時機與風險進行綜合分析，從實際出發，迎著困難上，勇於擔風險。只有「著重於機會，而不著重於困難」的人，才能最大限度地利用機會，取得最大的成功，如果一個人在衝刺事業前，

只著眼於易於成功，而不是著眼於接受挑戰，那麼，他即使能夠成功，其成功也相當有限。當然，做有風險的工作，艱辛又有不確定性，但只有信心實足，具備冒險精神的人，才能把機會化為成果。

人的一生，總是有幾個大的轉機的。大的轉機，必有大的變化。沒有大變化，也就沒有大的發展。而要有大發展，就要善於抓住時機。哲學家培根說過：「造成一個人幸運的，恰是他自己」。

■ 要掌握時機

在人生的旅途上，一次偶然的機會，導致了偉大而深刻的發現，使科學家因此成名；一個突如其來的機會，使有的人大展才華，於是做出一番驚天動地的事業，從而名垂青史；甚至一次意外的事變，竟影響了一個人的整個生涯，對他的發展有著轉機作用……凡此種種，在實際生活中都是常有的。

那麼，應該怎樣理解和把握機會呢？

經過個人的努力，時機是可以掌握的。

「弱者等候機會，而強者創造它們」。時機雖受各種因素的綜合影響，但不管如何，有一點是可以肯定的：經過個人的努力，時機是可以掌握的。美國有位學者曾透過對奧林匹克運動員、總經理、太空人、政府首腦以及其他獲得成功

第四章　掌握時機鑄造輝煌

者的多年探訪，逐漸理解到成功者絕非因為特殊環境、高智商、良好教育或異常天賦的結果，同樣也不是一時走運，而是由於他們對自己的作為負責；理解自己的才能，追求自己的目標；迎接挑戰，適應生活。他把這三點稱之為「成功者的優勢度」，是成功者與普通人之間存在著的一種微妙的差別。有的人天賦甚高，卻侍才以傲而短於行動，喪失了不知多少成就事業的良緣。有的人在一時走運、初建成果後，便陶醉於快樂而忘記自己面臨更多的機會，難成大器。唯有那些創造奇蹟之後，忘記快樂的人，仍清醒地面對和選擇無限的可能性，因之，終成偉業。而所有這些，無不是為生活態度所決定的。

　　一個人的才能越大，生活中的機會就越多。

　　面臨機會卻無能承擔，等於沒有機會。要把握住機會，還必須有淵博的知識。一個人的知識越多，才能越大，生活中可能出現的機會就越多。弗萊明發明成功青黴素後，有人問他是不是靠「運氣」幫忙，他說：「不要等待運氣降臨，應該努力去掌握知識。」知識豐富了，能力提高了，機會出現的機率會相應提高，機會的可獲係數也會相應地變大。

　　掌握時機的並非是命運之神，而是我們自己。正如伊壁鳩魯所說：「我們擁有決定事變的主要力量。因此，命運是有可能由自己來掌握的，願你們人人都成為自己幸運的建築師。」

■ 要創造時機

經常聽到一些人埋怨機會不等，命運不公，總覺得自己碰不到機會。每每看到別人的成功，總是歸結為「運氣好」，實際上，機會對每一個人都是公平的。

一般說來，凡是成大功、立大業的人，往往不是那些幸運之神的寵兒，反而是那些「沒有機會」的苦命孩子。

例如只用一個划水輪，就發明蒸汽船的羅伯特·富爾敦（Robert Fulton）；只有陳舊的藥水瓶與錫鍋子就發現「法拉第定律」的法拉第（Michael Faraday）；還有那使用最簡陋的儀器來從事實驗的貝爾，不也是發明了電報嗎，在人類歷史中，沒有一件事比人們從困苦中成就功名的故事更為吸引人了。人們怎樣從黑暗的夜晚達到光明？怎樣脫離於痛苦、貧困之中？他們雖只有中等之資，但由於堅強的意志，不斷地努力而終於達到目地。

「沒有機會」永遠是那些失敗者的遁詞，不信隨便問一個失敗者，他們大多數的人會告訴你，「自己之所以失敗，是因為得不到像別人那樣好的機會 —— 因為沒有人幫助他們，沒有人提拔他們。」他們也會對你說「好的地位已經額滿了，高等的職位已被霸占了，所有的好機會都已被他人捷足先登，所以他們是毫無機會了。」

當然，機遇不可能無緣無故地從天而降，機遇也不可能

像路標一樣，就在前面靜靜地等著你。機遇具有隱蔽性，它是隱藏著的；機遇具有潛在性，它等待著開發；機遇具有選擇性，它只垂青那些在追求中、在動態中、在捕捉中的人。

這裡有一點十分關鍵。你是被動地、消極地等待機遇，還是主動地去追求？等待機遇不像是等火車，準點車就來，機遇要看你的等待狀況如何。是不是碰上了機遇，是不是捉住了機遇，是不是失落了機遇，是不是再也沒有機遇，這些部是一種現象。而實質問題在於你是否在認真地準備著、在刻意地追求著。

■ 要利用時機

每個人在生活中常常面臨著多種機會。比如我們在日常生活中，有許多事要辦，先做哪一件呢？在同樣兩小時內，可以去讀書、看電影、工作、打遊戲、聊天……所有這些就是所謂的機會。可是在這些機會中，它們的成本是不一樣的。花幾百元看一場電影，成本是不是幾百元，不是，因為還耗費了兩個小時的時間，兩個小時又會給人類帶來多大的價值呢？這就是我們所要說的機會價值。兩小時記住了二十多個外語單字，那就為今後閱讀外文書籍創造了便利；兩小時仔細觀察了一件事，那就為今後寫作累積了資料。

在利用時機時，一定要想到機會成本所帶來的機會價值，從而自覺地約束自己，從事更有意義的活動，獲取人生

的更大價值。利用時機，用最小的機會成本，換取最大的機會價值的方法是用價值分析的方法，對要做的每一項工作提出這樣幾個問題：

這是什麼工作？

這項工作的目的是什麼？

它的「成本」（時間）是多少？它的「價值」是多少？有其他什麼方法能實現這項工作嗎？新方案的「成本」（時間）是多少？新方案能滿足要求嗎？經過這樣一系列的問題分析，便可找出花費「成本」（時間）比較少，而機會價值比較大的方案來。

不要讓機遇與你擦肩而過

切忌讓別人先搶走機遇「機不可失，失不再來。」人人都會說這句話，但有很多人只有等到機會從身邊溜走之後，才恍然大悟，如夢初醒，急得上蹦下跳。機遇對任何人都是公平的，關鍵要看你是否是一個有心人。那些成大事者自然是捕捉機遇、創造機遇的高手，而是他們慣於在風險中獵獲機遇！

機遇常與風險並肩而來，一些人看見風險便退避三舍，再好的機遇在他眼中都失去了魅力。這種人往往在機會來臨之時躊躇不前，瞻前顧後，最終什麼事也做不好。我們雖然

第四章　掌握時機鑄造輝煌

不贊成賭徒式地冒險，但任何機會都有一定的風險性，如果因為怕風險就連機會也不要了，無異於因噎廢食。

凡成大事者，無不慧眼辨機，他們在機會中看到風險，更在風險中逮住機遇。

美國金融大亨 J・P・摩根（J. P. Morgan）就是一個善於在風險中投機的人。J・P・摩根誕生於美國康乃狄格州哈特福的一個富商家庭。摩根家族 1,600 年前後從英格蘭遷往美洲大陸。最初，摩根的祖父約瑟夫・摩根開了一家小小的咖啡館，累積了一定資金後，又開了一家大旅館，既炒股票，又參與保險業。可以說，約瑟夫・摩根是靠膽識發家的。一次，紐約發生大火，損失慘重。保險投資者驚慌失措，紛紛要求放棄自己的股份以求不再負擔火災保險費。約瑟夫橫下心買下了全部股份，然後，他把投保手續費大大提高。他還清了紐約大火賠償金，信譽倍增，儘管他增加了投保手續費。投保者還是紛至沓來。這次火災，反使約瑟夫淨賺 15 萬美金。就是這些錢，奠定了摩根家族的基業。摩根的父親朱尼厄斯・史賓塞・摩根（Junius Spencer Morgan）則以開菜店起家，後來他與銀行家喬治・皮博迪（George Peabody）合夥，經營債券和股票生意。

生活在傳統的商人家族，受到特殊的家庭氛圍與商業薰陶，摩根年輕時便敢想敢做，頗富商業冒險和投機精神。西

元 1857 年，摩根從德哥廷根大學畢業，進入鄧肯商行工作。一次，他去古巴哈瓦那為商行採購魚蝦等海鮮歸來，途經新奧爾良碼頭時，他下船在碼頭一帶兜風，突然有一位陌生白人從後面拍了拍他的肩膀：「先生，想買咖啡嗎？我可以出半價。」

「半價？什麼咖啡？」摩根疑惑地盯著陌生人。

陌生人馬上自我介紹說：「我是一艘巴西貨船船長，為一位美國商人運來一船咖啡，可是貨到了，那位美國商人卻已破產了。這船咖啡只好在此拋錨……先生！您如果買下，等於幫我一個大忙，我寧願半價出售。但有一條，必須現金交易。先生，我是看您像個生意人，才找您談的。」

摩根跟著巴西船長一道看了看咖啡，成色還不錯。——想到價錢如此便宜，摩根便毫不猶豫地決定以鄧肯商行的名義買下這船咖啡。然後，他興致勃勃地給鄧肯發出電報，可鄧肯的回電是：「不准擅用公司名義！立即撤銷交易！」

摩根勃然大怒，不過他又覺得自己太冒險了，鄧肯商行畢竟不是他摩根家的。自此摩根便產生了一種強烈的願望，那就是開自己的公司，做自己想做的生意。

摩根無奈之下，只好求助於在倫敦的父親。朱尼厄斯回電同意他用自己倫敦公司的戶頭償還挪用鄧肯商行的欠款。摩根大為振奮，索性放手去做，在巴西船長的引薦之下，他

又買下了其他船上的咖啡。

摩根初出茅廬，做下如此一樁大買賣，不能說不是冒險。但上帝偏偏對他情有獨鍾，就在他買下這批咖啡不久，巴西便出現了嚴寒天氣。一下子使咖啡大為減產。這樣，咖啡價格暴漲，摩根便順風迎時地大賺了一筆。

從咖啡交易中，朱尼厄斯理解到自己的兒子是個人才，便出了大部分資金為兒子辦起摩根商行，供他施展經商的才能。摩根商行設在華爾街紐約證券交易所對面的一幢建築裡，這個位置對摩根後來叱吒華爾街乃至左右世界風雲起了不小的作用。

這時已經是西元 1862 年，美國的南北戰爭正打得不可開交。

林肯總統頒布了「第一號命令」，實行了全軍總動員，並下令陸海軍對南方展開全面進攻。

一天，克查姆——一位華爾街投資經紀人的兒子，摩根新結識的朋友，來與摩根閒聊。

「我父親最近在華盛頓打聽到，北軍傷亡十分慘重！」克查姆神祕地告訴他的新朋友，「如果有人大量買進黃金，匯到倫敦去，肯定能大賺一筆。」

對經商極其敏感的摩根立時心動，提出與克查姆合夥做這筆生意。克查姆自然躍躍欲試，他把自己的計畫告訴摩

根：「我們先與皮博迪先生打個招呼，透過他的公司和你的商行共同付款的方式，購買四五百萬美元的黃金 —— 當然要祕密進行；然後，將買到的黃金一半匯到倫敦，交給皮博迪，剩下一半我們留著。一旦皮博迪黃金匯款之事洩漏出去，而政府軍又戰敗時，黃金價格肯定會暴漲；到那時，我們就堂而皇之地拋售手中的黃金，肯定會大賺一筆！」

　　摩根迅速地盤算了這筆生意的風險程度，爽快地答應了克查姆。一切按計畫行事，正如他們所料，祕密收購黃金的事因匯兌大宗款項走漏了風聲，社會上流傳著大亨皮博迪購置大筆黃金的消息，「黃金非漲價不可」的輿論四處流行。於是，很快形成了爭購黃金的風潮。由於這麼一搶購，金價飛漲，摩根一瞅火候已到，迅速拋售了手中所有的黃金，趁混亂之機又狠賺了一筆。

　　這時的摩根雖然年僅 26 歲，但他那閃爍著藍色光芒的大眼睛，看去令人覺得深不可測；再搭上短粗的濃眉、鬍鬚，會讓人感覺到他是一個深思熟慮、老謀深算的人。

　　此後的一百多年間，摩根家族的後代都秉承了先祖的遺傳，不斷地冒險，不斷地投機，不斷地暴斂財富，終於打造了一個實力強大的摩根帝國。機會常常有，結伴而來的風險其實並不可怕，就看你有沒有勇氣去逮住機遇，敢冒風險的人才有最大的機會贏得成功。古往今來，沒有任何一個成

第四章　掌握時機鑄造輝煌

大事者會不經過風險的考驗。因為，不經歷風雨，怎能見彩虹，不去冒風險，又怎能掌握住人生的關鍵呢。

機會稍縱即逝，猶如白駒過隙，當機會來臨，善於發現並立即抓住它，要比貌似謹慎的猶豫好得多，猶豫的結果只能錯過機遇，果斷出擊是改變命運的最好辦法。

西元 1975 年初春的一天，美國亞默爾肉食加工公司的老闆正躺在沙發上看報紙，突然，一則簡訊讓他雙眼圓睜：

「墨西哥將流行瘟疫。」

這位老闆立刻推測，如果墨西哥有瘟疫，必定從加利福尼亞和德克薩斯兩州傳入美國，而這兩州又是美國肉食供應的主要基地。這兩地一旦瘟疫盛行，那麼全國肉類供應必定緊張。

於是，在證實了這個消息的可靠性之後，他傾囊購買德克薩斯州和加利福尼亞的生豬和牛肉，並及時運往美國東部。

不出所料，從墨西哥傳來的瘟疫蔓延美國西部幾個州。美國政府立即嚴禁這些州的食品外運。於是美國全境一時肉類價格暴漲，肉類奇缺。

亞默爾公司數月內淨賺 900 萬美元，一時占盡風光。機不可失，時不再來，在進退之間不能掌握時機者，必將一事無成，遺憾終生。而無論在生活中還是工作中，機會只偏愛

那些有準備的頭腦，有準備的人要在平時就做個有心人，這樣才會懂得如何經營自己的命運，才會比別人收穫得更多。那些平常無心的人，對一切事都放任自流，必然會錯失許多東西。

生活就是這樣，機遇對每個人都是公正的，與其說她青睞那些有準備的人，不如說有準備的人善抓機遇，亞默爾公司的例子就說明了這一點。對那些隨遇而安的人來說，機會在他面前出現時，他也掌握不住。

行動不一定要萬事俱備

想好了再做，表面上看是行之有法，但有些事只能邊做邊思考，採取「摸著石頭過河」的策略。

許多人平庸一生，是因為他們一定要等到每一件事情都百分之百的有利、萬無一失以後才去做。當然，我們必須追求完美，但是人間的事情沒有一件絕對完美或接近完美。等到所有的條件都完美以後才去做，只能永遠等下去了。

吉恩快四十歲了，他受過良好的教育，有一份穩定的會計工作，一個人住在芝加哥，他最大的心願就是早點結婚。他渴望愛情、友誼、甜蜜的家庭、可愛的孩子以及種種相關的事。但是每一次臨近婚期時，吉恩因不滿他的女朋友而作罷（那就是說，在犯下可怕的錯誤之前還來得及補救）。

第四章　掌握時機鑄造輝煌

　　有一件事可以證明這一點。兩年前吉恩終於找到夢寐以求的好女孩。她端莊大方、聰明漂亮又體貼。但是，吉恩還要證實這件事是否十全十美。有一個晚上當他們討論婚姻大事時，新娘突然說了幾句坦白的話，吉恩聽了有點懊惱。

　　為了確定他是否已經找到理想的對象，吉恩絞盡腦汁寫了一份長達四頁的婚約，要女友簽字同意以後才結婚。這份文件又整齊，又漂亮，看起來冠冕堂皇，內容包括他所能想像到的每一個生活細節。其中有一部分是宗教方面的，裡面提到上哪一個教堂、上教堂的次數。每一次奉獻金的多少；另一部分與孩子有關，提到他們一共要生幾個小孩、在什麼時候生，等等。

　　他把他們未來的朋友、他太太的職業、將來住在哪裡以及收入如何分配等等，都不厭其煩地事先計劃好了。在文件末尾又花了半頁的篇幅詳列女方必須戒除或必須養成的一些習慣，例如抽菸、喝酒、化妝、娛樂等等。

　　準新娘看完這份最後通牒，勃然大怒。她不但把它退回，又附了一張便條，上面寫道：「普通的婚約上有『有福同享，有難同當』這一條，對任何人都適用，當然對我也適用。我們從此一刀兩斷！」

　　當吉恩向卡內基訴說這段經歷時，還委屈地說：「看，我只是寫一份同意書而已，又有什麼錯？婚姻畢竟是終身大

事，我不能不慎重行事啊！」

　　吉恩真是大錯特錯。他可能過分緊張，過度謹慎，但不論是婚姻，或是任何一件事情，你都不能過於吹毛求疵，以免你所訂的每一種標準都偏離了正確的方向。吉恩先生處理婚姻問題的做法，跟他對待工作、積蓄、朋友等等事情的態度都很相像。成大事者的人物並不是在問題發生以前，先把它通通消除，而是一旦發生問題時，有勇氣克服種種困難。我們對於一件事情的完美要求必須折衷一下，這樣才不至於陷入行動以前永遠等待的泥沼中。當然最好是有逢山開路，遇水架橋那種大無畏的精神。

　　為避免「萬事俱備以後才行動」所引起的重大損失，下面兩條原則可以作為參考：

　　一是發生困難時，要勇敢面對，絕對不能畏縮。

　　成大事者的人物並不是行動前就解決了所有的問題，而是遭遇困難時能夠想辦法克服。不管從事工商業還是解決婚姻問題或任何人生問題，一遇到麻煩就要想辦法處理，正像遇到橋梁時就要跨過去一樣自然。

　　我們無論如何也買不到萬無一失的保險。所以當你制定一項計畫時，不要瞻前顧後，而要下定決心去實行你的計畫。

　　行動本身會增強信心，不行動只會帶來恐懼。

二是要預料種種困難。

因為每一個冒險都會帶來許多風險、困難與變化。假設你從芝加哥開車到舊金山一定要等到「沒有交通堵塞、汽車性能沒有任何問題、沒有惡劣天氣、沒有喝醉酒的司機、沒有任何類似的意外」之後才出發，那麼你什麼時候才出發呢？你永遠走不了的。當你計劃到舊金山時，先在地圖上選好行車路線，檢查一下車況以及其他需要盡量排除的意外。這些都是出發前需要準備的事項，但是從理論上說，你仍無法完全消除所有的意外。但你還是要動身，必須如此。

發現機會就不放手

成功者眼光敏銳，及時發現機會，掌握時機，發揮優勢，進退自如，在競爭中處於不敗之地。

提起卡西歐，許多消費者都知道它是日本一家大電子公司的產品牌號，卡西歐正是被日本人稱為電腦之王的櫻尾四兄弟所創辦的櫻尾電腦有限公司的產品。

櫻尾電腦有限公司創業之初是一個只有十幾名員工、50萬日元資金的小型企業。櫻尾四兄弟抱著「開發即經營」的思想，從西元 1947 年決定研究電子電腦，歷經失敗的磨難，到 1955 年才終於完成了「直列程式核對回路」電腦的設計。1956 年櫻尾電腦有限公司才正式宣告成立，1957 年 12 月舉

行了「卡西歐 14 —— A 型」電腦的發表會,終於有了自己的第一件產品。不久,「卜西歐 14 —— A 型」以它的獨特的表示方式、較快的演算速度、簡單合理的操作程式、自動累計功能等特點,贏得了顧客,櫻尾四兄弟的創業之路從此尊定了堅實的基礎。

「14 —— A 型」誕生後,他們又行後開發出,「14 —— B 型」和 301 型」電腦投放市場,取得了比較好的經營效來。這時櫻尾公司遇到了最強勁有力的競爭對手 —— 聲空公司。西元 1964 年由聲空公司推出的臺式電子電腦,一鳴驚人,震驚世界,產品極為暢銷,所向無故,櫻尾公司的銷售額急遽下降,庫存日益增多。恰在這時,他與他的總代理內由洋行在如何改進銷售上各持已見,導致最後的分道揚鑣。

面對種種困難,櫻尾四兄弟沒有屈服、氣餒,他們在尋找對付聲空的祕密武器。最後,他們選擇了繼續開發新產品,並積蓄自己的力量,以此來對付聲空的競爭思路。他們成立了電子技術研究部,西元 1965 年「卡西歐 81 型」、「卡西歐電晶體」、「電腦 001 型」先後能過試銷,愛到了消費者的歡迎。試銷的成功,增強了櫻尾公司上下的信心,鼓足了與聲空公司較量的勇氣。

櫻尾公司始終沒有放鬆新產品的開發。西元 1964 年 7 月,他們按照國際商用規格開發新產品「卡西歐 101 型」電

第四章　掌握時機鑄造輝煌

腦，使他們悄悄地叩開了國際市場的大門。而後一發不可收拾，先後在英國、法國、義大利、西德、瑞士及澳大利亞成立經銷處，在瑞士成立了櫻尾公司駐歐洲辦事處，世界上有50多個國家和地區銷售卡西歐電腦。

誰笑在最後誰就笑得最甜，經過 10 餘年的激烈競爭，到西元 1975 年，櫻尾公司以高品質、低價格為手段，打敗了日本的數 10 家電腦公司。然而，市場經濟時而風平浪靜，時而波濤洶湧。1977 年，第二次競爭浪潮再次襲捲櫻尾公司，營業額和利潤呈直線下降趨勢。櫻尾兄弟沒有改變自己的競爭思路，隨即開發出「迷你卡門」微型電腦，並以物美價廉取勝，短短 3 個月就售出 30 萬臺。櫻尾公司在競爭中又占有了優勢地位。但他們並沒有停止，不斷開發出新產品銷往各大洲，到 1984 年，櫻尾公司已擁有員 12,500 多人，資金達 1,000 多億日元，年銷售額近 2,000 億日元，真正成為世界電子企業的「巨人」。

保羅·高爾文（Paul V. Galvin）是摩托羅拉公司的創始人和締造者。成功後的高爾文，常有人向他討教成功的祕訣，每當這時，高爾文就總會講起自己小時賣爆米花的故事。高爾文就出生在美國伊利諾斯州的一戶平民家庭。十歲那年，高爾文在一個名叫哈佛的小鎮上唸書。

哈佛鎮當時是個鐵路交叉點，火車一般都要停留在這裡

加煤加水，於是，許多孩子便趁機到火車上賣爆米花，一個個獲利頗豐。

高爾文感到在車站上賣爆米花是個不錯的買賣，於是，上課之餘，他也加入了賣爆米花的行列。為了爭奪顧客，孩子們常常會爆發一些「戰事」。但每當「戰火」燒到高爾紋身邊時，他總是能很快與對方和解，他常常告誡對方：「我們這樣搞下去，誰也做不成生意了。」除了到火車上叫賣，高爾文還想了許多辦法來增加銷量。他弄了一個爆米花攤床，用車推到火車站或馬路上叫賣。還往爆米花裡摻入奶油和鹽，使其味道更加可口。

西元 1910 年，哈佛鎮下 7 場大雪，幾列滿載乘客的火車被大雪封在了這裡。高爾文就趕製了許多三明治拿到車上去賣。三明治做得並不太好，但飢餓的乘客們仍搶著購買。高爾文沒有趁機敲竹槓。事後，高爾文一算帳，驚喜地發現，公平的獲利仍讓他發了一筆小財。

夏天到來後，高爾文又創造了一種新產品，他設計了一個半月形的箱子，用吊帶挎在肩上，在箱子中部的小空間裡放上半加侖冰淇淋，箱邊上刻出一些小洞，正好堆放蛋捲，然後拿到火車上去賣。這種新鮮的蛋捲冰淇淋很受歡迎，生意非常昌盛。

在火車上做買賣很快成了一個大熱門，不但鎮上的孩子

第四章　掌握時機鑄造輝煌

們紛紛加入競爭行列，而且鐵路沿線其他村鎮的孩子也紛紛效仿。高爾文隱隱感到這種混亂局面不會維持太久，便在賺了一筆錢後果斷退出了競爭。不出所料，不久之後，車站就貼出通告，禁止一切人進入車站和在火車上做買賣。

賣爆米花的經歷，培養了保羅·高爾文對市場動態敏銳的掌握能力，也成了他日後經營生涯中賴以制勝的法寶。在以後的歲月中，每當某些產品或銷售進行不下去時，高爾文就會向他的同事們講述這個「賣爆米花的故事。」

記住，如果你有值得追求的目標，你只須找出為什麼你能達到這個目標的一個理由就行了，而不要去找出為什麼你不能達到這個目標的幾百個理由。

你想獲得你所想要的東西，還要做到，一旦看準了目標就立即行動，並且要「多走些路」。威廉·克萊門特·斯通（William Clement Stone）自述的親身經歷可以說明這兩條原則：

一個晚上，我正在墨西哥城訪問弗蘭克和克勞迪姬夫婦。克勞迪姬談到：「我盼望我們在市區能夠有一所房子。」

「你們為什麼還沒有呢？」我問。弗蘭克笑著答道：「我們沒有這筆錢。」

「如果你知道你想要什麼，那有什麼關係呢？」我問道，未等回答，我又提出一個問題：

「順便說一下，你是否讀過一本激勵自己的勵志書？」

「沒有。」這是回答。

於是我就告訴他們一些人的經歷，這些人知道他們想要什麼，讀了一些勵志書，聽從書中的意見，然後就付諸行動。

我甚至告訴他幾年前我以自己的條件 —— 首次付款為 1,500 美元的分期付款 —— 購買了一套價值 30,000 美元的新房子以及怎樣如期付清的房款。我答應送給他們一冊我推薦的書。

再聽聽弗蘭克和克勞迪姬的故事：

就在這一年的 12 月，當我正在我的書房裡學習時，我接到克勞迪姬打來的電話，她說：「我們剛剛從墨西哥城來到美國，弗蘭克和我所要做的第一件事就是感謝你。」「感謝我，為什麼？」「我們感謝你，因為我們在加了區買了一所新房子。」幾天後在吃飯時，克勞迪姬解釋道：「在一個星期六的傍晚，弗蘭克和我正在家裡休息。有幾位從美國來的朋友打電話要我們用汽車把他們送到加了區去。恰好那時我們兩個人都相當疲乏。此外，我們在本週早些時候已送過他們到那裡。弗蘭克正準備說『請求原諒』，這時這本書上的一句話閃現於他的心中 —— 多走些路。

「當我用汽車送他們透過這人造的天堂時，我看見了我所夢想的房子 —— 甚至還有我所渴望的游泳池。」

第四章　掌握時機鑄造輝煌

「弗蘭克買了它。」

弗蘭克說：「你可能很想知道：雖然這個房產的價值超過50萬比索，而我的存款只有5千比索。但我們住在加了區新居的費用比住在舊居的費用還要少些。」

「這是為什麼呢？」

「晤，我們買了兩套房間，它們在財產上相當於一所房子。我們將其中的一套租了出去，那套房間的租金足以償付整個房產的分期付款。」

這個故事畢竟並不十分驚人。一個家庭買了兩套房間，出租一套房間，自住另一套房間，這是很普通的事情。使人吃驚的是，一個沒有經驗的人只要弄懂並運用某些成功的原則，他就很容易地得到他所想所要的東西。

每當面臨一個新的機會，在斟酌得失之間，恐懼便會在你的內心裡悄然出現，阻擾你致勝的決心。這雖然是每個人都有的心理變化，但若不趁早加以克服，便將慢慢累積擴大，當它爬滿你的心，且進而侵蝕你的骨髓時，就難以救治。如果你正抱持著維持現狀較輕鬆愉快的觀念，即應早日醫治，阻止病菌繼續蔓延，從而將殘留在體內的病原完全根除，以免到頭來後悔不已！

至於消除恐懼的方法，只有從正面迎擊，別無他法。因為恐懼一旦被姑息，便會常留在你的身邊，把機會從你身邊

逼走。因此，為能獲得機會，就必須先消除恐懼。完成這個步驟，接下來忙不完的工作會迎面而來，多得使你不得不從中選擇的機會，會讓你沒有時間去考慮害怕的問題。

有時候，機會來得太急，反而使人心生猶豫，不知該不該接受。因此，任何人平時即應養成主動接受挑戰的習慣。若有在眾人面前表演或發表意見的機會，應盡量掌握，一方面克服心理障礙，一方面訓練自己的膽識。

當公司委派你擔任更重要的職位，負責更艱難的職務時，你應毫不猶豫地一肩扛下。如果該職位被分發到離家300公里的地方，為了它，你必須拋棄妻子、兒女，以及向來熟悉的環境。此時，你應毫不猶豫地答應。

機會的流失往往在反覆考慮之間，所以，機會來時，你便應打開大門迎接，以免稍有遲疑使你喪失即將到手的機會。有機會而不去把握，你便永遠不知道在前面等待你的是什麼樣的好運。

你也許經常說到類似這樣的話：「我要等等看，情況會好轉的。」這種話表明，你已經陷入了一種生活的惰性。對於有些人來講，這似乎已經成為他們習以為常的一種生活方式。他們總是明日復明日，因而也就總是碌碌無為。

在現實生活中，我們也不難發現許多充滿惰性者，他們甚至不分事情的輕重，一律拖延。例如：

第四章　掌握時機鑄造輝煌

　　馬克是一位 50 多歲的人了，結婚也快 30 年，但他經常抱怨自己的家庭生活並不美滿。在與諮詢專家的交談中，他表示早已對自己的婚姻生活感到不滿。他說：「我們的婚姻一直就不理想，從一開始就是如此。」醫生問他怎麼不早離婚，而拖延了這麼長時間，他坦率地回答說：「我總是希望情況會逐步好起來。」可笑的是，他已經「希望」了近 30 年，而他們的夫妻生活依然很糟糕。

　　在與諮詢專家的進一步交談中，馬克承認自己在 10 多年前就患了陽萎症。而他也沒有看過醫生。他開始迴避妻子，同時希望這一病症會自然消失。用馬克自己的話說就是；「是當初認為自己身體肯定會好起來的。」

　　馬克的婚姻生活是現代人生活中的一種典型的惰性。他對問題採取迴避態度，並為之辯解說：「如果我暫時不採取行動，問題可能會自行消失的。」但是，馬克發現問題從不會自然消失，它們總是保持原狀。即使事物有時會變化，一般也不會向好的方向發展。如果沒有外界因素的推動，事物本身（環境、情況、事件以及人）是不會有好轉的。要使生活變得更加充實，必須做出積極努力。

　　對於拖延時間的行為，我們每個人還可以進一步自省，看看可以採用哪些方法消除這一迷思。要消除這一迷思，並不需要你在精神上作出很大的努力，因為這一迷思與其他迷

思不同，這些問題完全是由你自己造成的，絲毫沒有任何環境的影響。

　　也許我們每個人都有一種不良的習慣——拖延時間，這種現象我們幾乎不時遇見，以至於看見或者發生時都不以為然了。然而，拖延時間卻是一種極其有害於人們日常生活與事業的惡習。魯迅先生說過：「耽誤他人的時間等於謀財害命。」由此可見，自我拖延時間則無異於慢性自殺。那麼你呢？是否經常拖延時間？如果你與大多數人一樣，就會說：「是的。」不過，你也許已經討厭自己的這種不良習慣，並希望在生活中消除因拖延而產生的各種憂慮。但是，你總是沒有將自己的願望付諸於切實的行動，其實，你所推遲的許多事情都是你曾經期望儘早完成的，只是由於某種「原因」而一拖再拖。有時你甚至每天都要對自己說：「我的確應該做這件事了，不過還是等一段時間再說吧！」

　　有一位新聞記者將拖延時間的行為生動地喻為「追趕昨天的藝術」，這裡，我們可以在後面再加半句——「逃避今天的法寶」，這就是拖延時間的作用。有些事情的確是你想做的，絕非別人要你做，然而，儘管你想做，卻總是一拖再拖。你不去做現在可以做的事情，卻下決心要在將來某個時候去做。這樣，你便可以避免馬上採取行動，同時安慰自己說，你並沒有真正放棄決心要做的事情。這種巧妙的思維

第四章　掌握時機鑄造輝煌

過程大致如下：「我知道自己必須做這件事，可我真的自己做不好、或者不願做。所以準備以後再做，這樣我也不必說今後不做此事，因而可以心安理得。」每當你必須完成一項艱苦工作時，你都可以求助於這種站不住腳、卻看似實用的邏輯。

如果你一方面堅持自己的生活方式，另一方面又說你將做出改變，你的這種聲明沒有任何意義。你不過是缺乏毅力的人，最後將一事無成。

假如你真想克服自己拖延的陋習，那麼，就從現在開始，不再拖延，趕緊列出自己的行動計畫吧！

不要把拖延看成是一種無所謂的耽擱。一個企業家可以因為沒能及時作出關鍵性的決定而遭到失敗。有時候，由於做妻子的懶得及時地洗碗鋪床，也會造成一椿婚姻的瓦解。延誤了看病的時間，會給人的生命帶來無可挽回的影響。拖拖拉拉這個壞習慣不是無傷大局的，它是個能使你的抱負落空、破壞你的幸福、甚至奪去你生命的惡棍。

找出使你備感苦惱的、習慣拖延的一個具體方面，然後去征服它。突破拖延作風對你生活某一方面的束縛，一種得到解脫的成功的感覺將會幫助你的其他方面去戰勝它。

為自己規定一個期限。但你不要暗地裡規定一個期限，這樣很容易被人忽視。要讓其他人都知道你的期限，並且期

望你能如期完成。

不要避重就輕。避重就輕是人的天性，但到頭來只會導致問題銖積寸累，難上加難。

不要因為追求十全十美而裹足不前。有些人對採取行動望而卻步，因為他們害怕自己做得也許不那麼完美無缺。

讓自己掌握眼前的五分鐘，並努力切實地生活。先不要考慮各種長期的計畫，應爭取充分利用眼前的五分鐘做自己要做的事情，不要一再推遲可以給你帶來愉快的那些活動。

現在就去做你一直在推遲的事情，如寫封信，實施你的寫作計畫。在採取實際行動之後，你會發現，拖延時間真的毫無必要，因為你很可能會喜歡自己一再拖延的這項工作。在實際工作中，你會逐步打消自己的各種顧慮。

問問自己：「倘若你做了自己一直拖延至今的事情，最糟糕的結果會是什麼呢？」結果往往是微不足道的，因而你完全可以積極地去做這件事。認真分析一下自己的畏懼心理，你會懂得維持這種心理毫無道理。

給自己安排出固定的時間，如週一晚上 10 點至 10 點 15 分拿來處裡被拖延的事情。你會發現只要在這 15 分鐘內專心致志地工作，你往往可以做完許多拖延下來的事情。

要珍愛自己，不要為將要做的事情憂心忡忡。不要因拖延時間而憂慮，要知道，珍愛自己的人是不會在精神上這樣

折磨自己的。

　　認真審視你的現時，找出你目前迴避的各種事情，並且從現在起逐步消除自己對真正生活的畏懼心理。拖延時間意味著在現時生活中為將來的事情而憂慮。如果你把將來的事情變成為現實，這種憂慮心理必然會消失。

　　節食、戒菸、戒酒 —— 從現在開始！你現在就可以放下這本書，馬上做一個俯臥撐，以此開始自己的鍛鍊計畫。你解決問題的方法就是 —— 從現在開始！立即採取行動！妨礙你採取行動的完全是你自己，因為你以前不相信自己的力量，做出了一些錯誤選擇。你看，這多麼簡單 —— 只要去做就行了！

　　以後當你覺得無聊的時候，積極利用自己的大腦。比如，在單調無聊的會議上主動提出一些問題扭轉沉悶氣氛，或者利用大腦做些有趣的事情，比如作首詩，要不就努力死記一大串數字，以增強自己的記憶力。下決心再不產生厭倦情緒。

　　當別人對你評頭論足時，問問他：「你以為我現在需要別人評論嗎？」而當你意識到自己議論別人時，問問你身邊的人，他是否願意聽你的評論；如果他願意聽，可以再問問他為什麼。這樣做會有助於你從一個評論家轉變為實業家。

　　認真審視一下自己的生活。假設你今生今世還有 6 個月

的時間，你還會做自己目前所做的事情嗎？如果不會的話，你最好儘快調節自己的生活，現在就去做你最緊迫、最需要做的事情。為什麼？因為相對而言，你的時間是很有限的。在時間的長河中，30 年和 6 個月是相差不多的。你的全部生命只不過是短暫的一瞬間，因而在任何方面拖延時間毫無道理。

鼓起勇氣去做一兩件你一直迴避的事情：一個勇敢的行動可以消除各種恐懼心理。不要再強使自己「做好」，因為「做」本身才是關鍵所在。

晚上睡覺之前，努力排除一切疲勞的感覺。不要以疲勞或疾病為藉口拖延任何事情。你會發現，當疲勞或疾病失去其意義時，也就是說當它們不能成為你推遲工作的理由時，導致拖延的因素會「奇蹟般地」消失。

不要再使用「希望」、「但願」、「或許」等詞，因為這些詞會促使你拖延時間。每當你發覺自己的話裡又出現這幾個詞時，就應該改變自己的話。例如，你應該：

❖ 將「我希望事情會得到解決」改為「我要努力解決這件事」；

❖ 將「但願我心情會好一些」改為「我要做些事情，保持心情愉快；

❖ 將「或許問題不大」改為「我要保證沒有問題」。

第四章　掌握時機鑄造輝煌

　　每天都記錄下你所發出的抱怨和議論。做這種記錄可以達到兩個目的：一方面，你可以意識到自己在生活中的評論行為，即你是怎樣評論的，評論了多少次，評論的是什麼人、什麼事；另一方面，做這種記錄是件令人頭痛的事，這也會促使你平時不要再亂作評論和抱怨。

　　如果你所拖延的事情涉及到其他人（例如搬遷、夫妻生活或調換工作），你應該與這些人商量一下，聽聽他們的意見。要勇於擺出自己的各種顧慮，這樣將有助於你了解到自己的拖延是否完全是出於主觀原因。在知心朋友的幫助下，你們可以共同分析問題、解決問題。不久，你就會完全驅散因拖延時間而產生的憂慮。

　　與家庭成員制訂一項協議，明確提出你想做而一直拖延的事情：一起打場球，出去吃頓飯，看場戲，度假旅遊……讓大家各執一份副本，並且規定違約時將受的懲罰。你會發現這種辦法很靈驗，而且你本人也可以從中受益，因為你往往也會從這些生活中得到樂趣。

　　你要是希望改變客觀現狀，就不要怨天尤人，而要做些實際工作。不要總是因拖延時間而憂心仲仲，並為此而陷入惰性，應該努力消除這一令人討厭的迷思，爭取投身於現時生活！做實業家，而不是希望家、幻想家或評論家。

　　其實機會並不是那麼難測，它的奧祕也不像許多人想像

的那麼神祕深遠。機會經常在你身邊，在你伸手夠得著的地方。

機會是命運的咽喉

機會在命運中顯現，命運因為機會而改變，它們的關係比愛情關係更難測，但掌握住的人卻會成為命運的寵兒。

從古至今，有無數的人相信命運是一種神化的存在，它高高在上，獨立於人的控制之外，主宰著人間的一切。因此，對命運最好是採取卑怯態度，聽天由命。連皇帝也來個「奉天承命」。儘管是讓百姓軟弱化的一種有效手段，可是許多皇帝自己也是命運論者。人界至尊的皇帝尚且如此，百姓們當然更是要乖乖受命了。

所以如果在人生中遭受某種不幸或挫折，就會認為是「命運不佳」或「命中注定」。有這樣消極的被動人生觀，可以想像這種人根本不會看得見機會的存在。對他們來說，再壞的命運都是天注定的，個人的努力掙扎是抵不過命運的。他們被命運壓得抬不起頭來，也就看不到眼前的機會了。

當然也有不相信「命中注定」這種觀點的人，他們認為道路是人走出來的，什麼事物發展變化不會歸於同一種結果。如果你是這種觀點的擁護派，祝賀你，你屬於可以睜眼看機會的人之一了。

第四章　掌握時機鑄造輝煌

　　誠然，命運是存在的。可它並不是由天注定的，而是由你本人及周圍環境等因素綜合產生的。過去的命運是凝固的，未來的命運是未知的，一切都要看你自己的掌握了。

　　古希臘的唯物主義哲學家伊壁鳩魯有一段精彩的話，精闢地闡明了所謂命運的本質問題。他認為我們擁有決定事物的主要力量，他把一些事物歸因於必然，一些事物歸因於機遇，一些事物歸因於我們自己。

　　所謂必然，如社會環境、家庭情況、經濟條件、生活閱歷、學習環境、工作性質等等，這種必然對每個人的事業成敗的影響極為重要。同樣，偶然的機會對每個人事業的成敗也有相當大的影響。但起決定力量的還是自己。你是自己命運的擁有者，只要你認清必然，又抓住偶然，命運會屈服於你的腳下。

　　被人譽為「樂聖」的德國作曲家貝多芬一生遭到的苦難折磨數也數不清。他貧困，幾乎要行乞；他失戀，簡直快自殺；他耳聾，對他寄託於音樂事業是最大的打擊。在一般人眼中，貝多芬的人生何談機會之有。可貝多芬就是個超越於自己命運的強者，他宣言「我要向命運挑戰」，於是就是在他耳聾之後也能譜出《第九交響曲》這種不朽名作。也正如他給一位公爵的信中所說：「公爵，你之所以成為公爵，只是由於偶然的出身，而我成為現在的貝多芬，全靠自己。」

　　挫折是人人都會有的。受到挫折後，一味地埋怨時運是毫無意義的。你必須冷靜的分析尋找原因所在並克服它。挫折只是命運的附帶品，它絕不能決定命運。可是同樣的挫折在不同的人身上會有不同的結果。對於命運論者，挫折只需一擊便可打倒這種人；而對於相信命運由自己創造的人來說，挫折只會激起他更大的鬥志。他會檢討失敗，重新上路，這就是人們所說的「艱難玉成」。

　　可見，挫折可以讓人一墮到底也能讓人飛得更高，全在於你對命運的心態。

　　成功的途徑並非一條，不能有一次碰見困難便說命運殘酷。「條條道路通羅馬」，你不能克服這條路上的困難，完全可以走其他路。就像考不上大學的學生，你能說他們已經沒有前途了嗎？連大名鼎鼎的愛因斯坦都是兩次都沒有考上大學的落榜者，但他卻是西元 1900 年代最偉大的科學家。他開創的「相對論」理論連大學教授都沒幾個能看得懂。

　　當然，有一些不幸的「命運」也是客觀存在的。例如人們不能選擇自己的出身、時代、家庭等等。身處落後地區，貧困家庭，起點是很低的，要想追上別人也很困難。但是機會是無處不在的，它並不是一個嫌貧愛富的人，只要你懂得去觀察，再差的情況下也總是有機會存在的。

　　所有有成就的人都是命運的強者，但他們並不是都站在

良好的起點上出發的。要想舉出從逆境中掙扎出頭的成功人士的例子實在是太多。他們為什麼能抓住成功的機會呢？就因為他們明白命運並不是不可戰勝的。命運與機會就像是雙胞胎。一個人的命運不是一條直線到底的大道，而是有著無數的支路，通往有喜有悲的結果。機會就像是路標，指明了前進的方向。能夠懂得自己掌握命運的人，就能夠看見這些路標，選擇自己想起的方向。而不敢挑戰命運的人，就看不見任何路標，他們只會順著自然變化走下去，過著完全被動的人生。

所以，想看見機會的人。要做到的第一步便是端正自己的人生態度，弄明白命運與機會的關係。只有明白了命運的多樣性，才會懂得自己原來有選擇命運走向的權力。而這種命運的多樣性，正是由偶然的機會造成的。有了機會的存在，才會開闢出不同的人生道路。相信命運有著必然走向的人，是不懂得去發現偶然的機會的。不改變這種想法，機會永遠也不會垂青於你。

命運中充滿了機會，而機會中又包含了不同的命運。一個機會便能改變看似必然的命運走向。

機會的大門永遠向強者敞開

在通向機會大門的路上，沒有路標的指引，成功絕不會

從天而降。機會具有它特有的性質：隱蔽性、潛在性、選擇性。它隱藏著，它等待著人們的開發，它只看重那些善於捕捉的人。

你是在被動地等待機會，還是主動地去追求它呢？

等待機會不像是等待火車，準點車就來，而要看你等待機會的狀況如何、是不是碰上了機會，是不是捉住了機會，是不是錯失了機會，是不是再也沒有機會，這些都是問題。而實質問題在於你是否認真地準備著、刻意地追求著。有許多人看起來好像沒有機會，沒有前途，但是偏偏就有一天發生了轉折，他們獲得了機會。其實，許多成功者都有這樣一種經歷和體驗。

在機會面前人人平等，人與人各不相同，對機會的做法也不同：強者、智者創造機會、把握機會；弱者、愚者等待機會，錯過機會。

身為強者的你，只要小心慎重地播下創造機會的種子，就有可能收穫機會。你應該對自己說這樣的話。

「我被很多獵頭公司覷見。」這就如俗語說的那樣：「瘦田沒人耕，耕開有人爭」，如果你被另一家公司垂青，身價自然倍升。你只須對同事簡單地說：「我接到某某公司某先生的電話，你認識他嗎？」對方自然會問你關於某公司的事，你可以照實說出來。

第四章 掌握時機鑄造輝煌

假如同時有其他公司向你垂青又怎樣辦？那你盡可增加與其他公司的朋友或工作夥伴的約會。就算只是吃午餐，也別忘記作悉心的打扮，這樣便像是「獵頭」的對象了。

「我認識很多專業人士。」你要是希望在事業上扶搖直上，你應了解公司的高層，以及來自世界各地的專業人士。

你要做的並不是要和那些重要人物約會，但你要盡量地熟悉他們，在適當的時候接觸他們。只要做到你的名字與重要人物的名字扯上關係，或為辦公室中的話題就足夠了。

下一步，是懂得挑選合適的時候和態度，如果你常常提及那些重要人物的觀點，很可能被人識破，甚至覺得你很討厭。所以要注意讓別人覺得你是謙虛的，例如指出能和某某先生合作真是幸運，並能從他身上學到很多東西。

「我是多才多藝的」。當別人知道你有多方面的才藝，會覺得你是一個全能的人。例如在美術、運動、社會服務方面的表現，可塑造你的形象，使你成為一個創作力豐富、專注有愛心的人。

想盡辦法創造機會吧！你的潛力無限，不要浪費它們，把它們挖掘出來，讓它們來幫助你成功吧！

創造機會

真正的強者不會等待機會來找他，而是到處尋找並抓住

機會，讓機會主動為他服務。

你一生中能獲得特殊機會的可能性還不到百萬分之一；然而，機會卻常常出現在你面前，你可以把握住機會，將它變為有利的條件。而你所需要做的事情只有一件：行動起來。

軟弱的人和猶豫不決的人總是藉口說沒有機會，他們總是喊：機會！請給我機會！其實，每個人生活中的每時每刻都充滿了機會。你在學校或是大學裡的每一堂課是一次機會；每一次考試是你生命中的一次機會；每一位病人對於醫生都是一個機會；每一篇發表在報紙上的報導是一次機會；每一個客戶是一個機會；每一次商業買賣是一次機會，是一次展示你的優雅與禮貌、果斷與勇氣的機會，是一次表現你誠實特質的機會，也是一次交朋友的好機會；每一次對你自信心的考驗都是一次機會。

在這個世界上生存本身就意味著你有奮鬥進取的特權，要利用這個機會，充分施展自己的才華，去追求成功，那麼這個機會所能給予你的東西要遠遠超越它本身。想一想吧！像法雷迪·道格拉斯這樣一個連身體都不曾屬於自己的奴隸，尚且能夠透過自身的努力最終成為一位傑出的演說家、作家和政治家，那麼，當今的年輕人，與道格拉斯相比擁有無限機會的年輕人，是不是應該做得更好些呢？

第四章　掌握時機鑄造輝煌

　　只有懶惰的人才總是抱怨自己沒有機會，抱怨自己沒有時間；而勤勞的人永遠在孜孜不倦地工作著、努力著。有頭腦的人能夠從瑣碎的小事中尋找出機會，而粗心大意的人卻輕易地讓機會從眼前飛走了。有的人在其有生之年處處都在尋找機會。他們就像辛勞的蜜蜂一樣，從每一朵花中汲取瓊漿。對於有心人而言，每一個他們遇到的人，每一天生活的場景，都是一個機會，都會在他們的知識寶庫裡增添一些有用的知識，都會給他們的個人能力注入新的能量。

　　幸運之神會光顧世界上的每一個人。但如果她發現這個人並沒有準備好要迎接她時，她就會從大門裡走進來，然後從窗子裡飛出去。

　　只要你善於掌握，你的周圍到處都充滿機會。生長在這樣一個知識與機遇前所未有的時代，怎麼還能夠悠然地抱著手臂，大聲地向別人索取那些己經給予你的才能與力量呢？

　　不要等待你的機會出現，而要創造機會——就像那個牧羊的孩子弗格森用一串串的珠子來計算天上的星星一樣為自己創造機會，就像喬治‧史蒂文生（George Stephenson）在骯髒的煤礦馬車旁用粉筆來得出一個數學定律一樣去創造機會，就像拿破崙在近百種「不可能」的情況下為自己創造出了成功一樣去創造機會。

　　要像戰爭或和平時期所有的偉大領導者一樣，去創造出

非比尋常的機遇，直至達到成功。對懶惰者而言，即使是千載難逢的機遇也毫無用處，而勤奮者卻能將最平凡的機會變為千載難逢的機遇。

現在就邁開你的腳步

　　任何事情都是從第一步開始的。每段旅程，不論多遠，總是從一小步開始的。可是，你一定要踏出那一步，一旦你踏出了第一步，每走一步就更加接近目標一點。

　　有時候，當你考慮從事一項嶄新的冒險時──不管是養個孩子，寫一本書，開創一份新事業，開始儲蓄計畫，或任何事──工程似乎很嚇人；你好像永遠也到不了最終目的地，第一步好像沒什麼幫助。當你朝向地平線遠方眺望時，這段旅程似乎太難了。你甚至不知道如何開始。

　　成功的祕訣聽起來很簡單，因為本來就很簡單：只要開始就行了。踏出一小步，接著再來一步，然後又是另一步。不要把未來看得太遠，也不要回顧得太遠。盡量把焦點放在眼前。只要你遵循這個簡單的方法，長期下來，你就會驚訝自己完成了多少成就。

　　不知你是否看過著名心理學家榮格（Carl Jung）的偉大作品《榮格全集》。那是二十六冊的長篇巨著。榮格在第一冊上面寫的一段話值得在這裡跟各位分享。他寫道：「學問不是

第四章　掌握時機鑄造輝煌

一蹴而就的！學問是一個終生的過程，在間隔的短暫時間中發生的。只要你每天讀幾頁，七年以後，你將是全世界最有學問的榮格作品專家，而且你會讀過每一頁！」這段話值得我們每一個人深思。

當然，所有的冒險都是如此。紐約的麥可·米切爾（Michael Mitchell）目前已是家財萬貫，至今他還記得，他們夫妻在四十年前只帶著十美元，去銀行開第一個儲蓄帳戶的情景。他們大笑著說：「一點時間所成就的結果真是不可思議。」他們如果沒有決定從某個地方開始，不可思議的成功也就無法展現。

有些人一再發誓，他們要寫書，要開個儲蓄帳戶，或是要計劃去做點什麼事業。可是，有太多時候，這些計畫和夢想不斷延後，直到「時機成熟了為止」。

其實，在大部分情形下，你所等待的時機在下週或明年並不會有顯著的差別。不要擔心時機合不合適。事實上，你無論如何總要踏出第一步！如果你現在就邁開腳步，不要拖延，明年此時你將會更接近你的夢想好幾步。

很多事之所以在還沒開始之前就已結束，並不是因為它真的有那麼難，最主要的原因是我們沒有心思去從事。有些時候，明明事情剛開始時進行得還不錯，一到中途卻突然停頓了下來，也不是真的碰到了什麼瓶頸，而是因為我們不能

堅持到底。

　　所以說，「心」才是我們邁向成功之路最大的障礙。

　　如果不能保有一顆熱誠的心，那會是一件很可怕的事。每當你想要進行某件事情時，根本還不曾試圖去了解個梗概，要不是直覺地認為它太難了，就是抱持著事不關己的態度。這時，你會連碰都不想去碰，更不用說去完成了。如此一來，所有在心中籌劃已久的計畫終將成為永遠的幻想，沒有達成的一天。

　　要是事情進行到了一半才熱情漸退，又會如何呢？那還用說，自然是虎頭蛇尾，成不了大事。前一種狀況是還未開始就已結束，後一種則是花費大把力氣卻徒然無功，與其如此，倒不如一開始就不做。

　　思考的過程雖然沒有想像中那麼容易，但比起行動來說卻是最簡單不過的事。因為，思考可能只是一剎那間的事而已，行動卻需要不算短的一段時間才能完成，沒有熱誠，根本就無法堅持到底。

　　如果能將它內化成為生活態度，你會發現自己的生活觀念比以前更為積極，活得也比較快樂。「熱誠」的英文字源是來自於希臘字，意思是「上帝與我長在」。請你務必時時以熱誠來面對生活中所有的事，讓別人能夠看得到你發自內心的美。從此刻起，開始和朋友分享你的熱誠。

因此，不管何時何地，你都得保持高度熱誠，最好現在就開始。

機會的要素與特徵

有人說：「機會是上帝的別名。」可見機會對於我們的重要性。雖說「辛勤者勝」，但辛勤者中間亦有成敗之分，成功的辛勤者之間，亦有高低之分。還有一些表面上並不辛勤的人，也能成功，造成這些差異和變化的，正是機會。

為了讓讀者進一步認清機會，讓我們看看機會的要素與特徵。

機會有三項要素：資源、利益和條件的配合。

資源包括個人的知識、技能、人際關係的技巧、智慧、財富、膽量等等，也包括機構或企業的人才、資本、科技、設備。現有的產品或服務，諸如此類。

上述各種有形或無形的特徵，必須能為個人或企業創造價值，才稱得上為資源，否則，那只是未開採的鐵礦，是泥石混雜，並無多大用處。利益是機會的主要內容，也是創造機會的主要目標。一種條件如果不能為人們帶來利益，那就不是機會。對於致富來說，利益主要是金錢的收入，另外還包括名譽的提升、形象的建立或改善。而建立聲譽和形象最終也會帶來金錢的收入。利益在不同行業裡各有不同的具體

表現，例如，酒店業要求客戶的入住率保持高水準，百貨業要求貨品流通迅速。而擴大市場占有率、提高利潤、降低成本等，是各行各業同樣的追求。

條件的配合是指客觀環境和創機者的主觀條件互相配合。首先是客觀因素的變化，造成有利的投資環境。例如經濟復甦，人口激增，可用的土地有限，造成地價急漲，這是把資金投入地產市場的有利環境。其次是指創機者具備足夠的條件去利用這個有利的環境，例如買地，發展土地所需的資金、技術、人才等，以及創機者個人的眼光、膽識和決斷力等。最後是指標、客觀因素剛好配合，例如，在地價快要急漲時，先已預見到這個趨勢，又具備投資的各項條件。

創機者的物質條件（資金、人才等）、個人條件（眼光、膽識等）都屬於資源，能為創機者創造價值，帶來利益。而機會正好提供最有利的環境，讓創機者得以更有效地運用資源，創造或增加利益。

機會有著成效高、瞬時性、善變的特徵，難以捕捉，但一旦有充分的準備和眼光，又極易抓住。有了第一個機會後，不要見一點好就收，需要充分發掘它的潛能，你會發現，其他機會就從四面八方湧來，如滾雪球一樣。

第四章　掌握時機鑄造輝煌

機會隨時可能降臨

機會來的時候，抓住它，還有個掌握最佳時機的問題。

精明的人還善於把不幸的事件，轉化為提高產品知名度的契機。

幾年前，一架美國賽斯納公司（Cessna）生產的「獎狀」號飛機在下降時，遇到一隻叼著兔子的老鷹。老鷹見到飛機這個龐然大物時很害怕，丟下兔子就跑，糟了！兔子恰巧被吸入飛機引擎。引擎一旦被損壞，這架飛機就完了！飛行員嚇出一身冷汗。然而，很幸運，兔子撞機雖使螺旋槳受損傷，但引擎卻安然無恙，飛機安全降落到地面上。由於「獎狀」號飛機裝的是加拿大普拉特·惠特尼公司（Pratt & Whitney Canada）生產的 PT6 引擎，PT6 引擎因此成了世界上唯一承受過「兔撞試驗」的引擎，由此意外地說明了該引擎的工作可靠性。這家公司藉此機會，大加宣傳，於是名聲大震，贏得了很高的信譽。

由此看出，我們要隨時注意身邊的事，準備好，機會每刻都可能降臨。

電子書購買

國家圖書館出版品預行編目資料

行動力革命：嚴重拖延症、假完美主義、僵化式思考，「思想的巨人，行動的侏儒」說的就是你這種人！/ 溫亞凡，羅哈德主編 . -- 第一版 . -- 臺北市：財經錢線文化事業有限公司，2023.03
面；　公分
POD 版
ISBN 978-957-680-593-6(平裝)
1.CST: 成功法 2.CST: 生活指導
177.2　　112000435

行動力革命：嚴重拖延症、假完美主義、僵化式思考，「思想的巨人，行動的侏儒」說的就是你這種人！

臉書

主　　　編：溫亞凡，羅哈德
封面設計：康學恩
發 行 人：黃振庭
出 版 者：財經錢線文化事業有限公司
發 行 者：財經錢線文化事業有限公司
E - m a i l：sonbookservice@gmail.com
粉 絲 頁：https://www.facebook.com/sonbookss/
網　　　址：https://sonbook.net/
地　　　址：台北市中正區重慶南路一段六十一號八樓 815 室
Rm. 815, 8F., No.61, Sec. 1, Chongqing S. Rd., Zhongzheng Dist., Taipei City 100, Taiwan
電　　　話：(02) 2370-3310　　傳　　　真：(02) 2388-1990
印　　　刷：京峯彩色印刷有限公司（京峰數位）
律師顧問：廣華律師事務所 張珮琦律師

定　　　價：299 元
發行日期： 2023 年 03 月第一版
◎本書以 POD 印製